高等职业教育规划教材

民航运输类专业系列教材

民航客舱设备与客舱服务

MINHANG KECANG SHEBEI YU
KECANG FUWU

于莉　于传奇　编

·北京·

内 容 简 介

《民航客舱设备与客舱服务》是依据中国民航局制定的相关规则和行业标准编写的,以客舱乘务员岗位工作内容为主,目的是通过对本书的学习,学生可以了解空中乘务工作的各个环节,掌握客舱设备的使用方法。具体内容由七章构成,以客舱服务概述为开篇,分别对客舱设备操作、客舱服务技能、客舱服务工作程序、特殊旅客服务、不正常航班服务、旅客心理服务与沟通技巧等内容进行了系统的介绍,有助于学生对空中乘务工作的全面了解和相关技能的掌握及运用,提升其职业素养。本书配有二维码,扫描可获得教学视频和图片。

本书内容充分体现了空中乘务专业人才培养目标,有很强的实用性和针对性。本书立足于理论指导和能力培养,使课堂教学与实际操作互为补充,为即将步入乘务职业生涯的学生打下扎实的基础。

图书在版编目(CIP)数据

民航客舱设备与客舱服务/于莉,于传奇编.—北京:化学工业出版社,2020.11(2024.2重印)
ISBN 978-7-122-37754-8

Ⅰ.①民… Ⅱ.①于… ②于… Ⅲ.①民用航空-旅客运输-商业服务-教材 Ⅳ.①F560.9

中国版本图书馆CIP数据核字(2020)第175876号

责任编辑:旷英姿 王 可 　　文字编辑:李 曦
责任校对:刘 颖 　　装帧设计:王晓宇

出版发行:化学工业出版社(北京市东城区青年湖南街13号 邮政编码100011)
印　　刷:三河市航远印刷有限公司
装　　订:三河市宇新装订厂
787mm×1092mm 1/16 印张9¼ 字数194千字 2024年2月北京第1版第3次印刷

购书咨询:010-64518888 　　售后服务:010-64518899
网　　址:http://www.cip.com.cn
凡购买本书,如有缺损质量问题,本社销售中心负责调换。

定　　价:30.00元 　　　　　　　　　　　　　　版权所有 违者必究

前 言

民航业高质量发展政策必将进一步对民航人才提出更高的要求和挑战。在培养高素质复合型民航服务性人才的过程中，不仅需要创新教育模式，能够开发出反映民航服务特色、符合高质量人才培养方案和满足教学需要的专业教材也是至关重要的环节。

为贯彻执行教育部对高职高专"实用为主，够用为度"的教育方针，本书内容充分体现了空中乘务专业人才培养目标，有很强的实用性和针对性。本书具体内容由七章构成，以客舱服务概述为开篇，分别对客舱设备操作、客舱服务技能、客舱服务工作程序、特殊旅客服务、不正常航班服务、旅客心理服务与沟通技巧等内容进行了系统的介绍，以案例、理论阐述、实图场景、模拟演练和课后作业为基本体例，立足于理论指导和能力培养，使课堂教学与实际操作互为补充，有助于学生对空中乘务员安全工作的全面了解和相关技能的掌握及运用，提升其职业素养。

本书是校企合作教材，以引领和服务专业学科发展为宗旨，结合我国民航服务业的发展趋势，在编写过程中，注重科学性、知识性、创新性和实用性的统一。教材编写在总结民航服务类专业教育的实践研究成果基础上，广泛征询民航业内专家的意见与建议，使学生不仅能够较为系统地了解客舱设备和乘务员岗位职责，也可以掌握扎实的服务技能和沟通技巧，从而保障旅客顺利顺心地完成飞行。

本书编写和全书统稿工作由辽宁轻工职业学院航空服务学院具有多年教学经验的教师于莉和新西兰航空公司乘务长于传奇共同编写。感谢潍坊职业学院教师刘思妤对本教材内容进行了审核，同时也感谢辽宁轻工职业学院航空服务学院学生刘安洲、赵思颖、余秋雪、黄雅欣、王珂琪、王蕊、王雨晴、张志豹、李亚轩协助客舱场景的照片拍摄工作。

由于时间仓促，资源有限，书中难免有疏漏和不足之处，谨恳请各位专家和业内外同行提出宝贵意见并不吝赐教。我们将及时修正，使其更加完善。

编 者
2020 年 7 月

目 录

第一章
客舱服务概述 — 001

第一节　客舱服务的内涵　002
一、客舱服务的含义　002
二、客舱服务的特点　002
三、客舱服务的内容　004
第二节　客舱乘务员职业要求　004
一、客舱乘务员职业资质　005
二、客舱乘务员职业技能训练　006
三、客舱乘务员职业素养　009
思考题　012

第二章
客舱设备操作 — 013

第一节　客舱设备介绍　014
一、旅客服务设施　014
二、信息通告系统　016
三、客舱照明系统　017
四、厨房设施　018
五、供水/排水系统　021
六、盥洗室　022
第二节　A320服务设备操作　024
一、A320型飞机概况　024
二、A320型飞机出口　025
三、舱门警告系统　025
四、舱门预位系统　026

II

五、舱门正常操作 027
六、翼上出口操作 029
七、救生筏 030
八、供氧系统 030
九、通信/呼叫系统 030
十、乘务员控制面板（液晶屏显示） 032
十一、乘务员控制面板（触摸按键） 034
第三节　B737-800 服务设备操作 036
一、B737-800 型飞机概况 036
二、B737-800 型飞机出口 037
三、舱门预位系统 038
四、舱门正常操作 039
五、翼上出口操作 040
六、紧急救生滑梯 041
七、登机梯 042
八、供氧系统 043
九、通信/呼叫系统 043
十、乘务员控制面板 044
十一、乘务员控制面板（天空内饰） 045
思考题 046

第三章
客舱服务技能　048

第一节　客舱服务规范与技巧 049
一、乘务员姿态规范 049
二、乘务员语言规范 050
三、客舱服务技巧 052
四、客舱服务标准 057
第二节　客舱服务实施 058
一、迎送服务 058
二、广播服务 059
三、饮品服务 061
四、餐食服务 063
五、经济舱餐饮服务 065
六、机上娱乐服务 066

第三节　两舱与国际航班服务　　　　　　　　069
　一、两舱服务　　　　　　　　　　　　　　069
　二、国际航班服务　　　　　　　　　　　　072
　思考题　　　　　　　　　　　　　　　　　075

第四章
客舱服务工作程序　　　　　　　　　　　　077

第一节　乘务员岗位与职责　　　　　　　　　078
　一、带班乘务长职责　　　　　　　　　　　078
　二、区域乘务长职责　　　　　　　　　　　079
　三、客舱乘务员职责　　　　　　　　　　　079
　四、厨房乘务员职责　　　　　　　　　　　079
　五、两舱乘务员职责　　　　　　　　　　　080
　六、安全员职责　　　　　　　　　　　　　080
　七、广播员职责　　　　　　　　　　　　　080
　八、B737-800/A320乘务员岗位职责　　　　 080
第二节　客舱服务标准　　　　　　　　　　　081
　一、预先准备阶段　　　　　　　　　　　　082
　二、直接准备阶段　　　　　　　　　　　　083
　三、空中实施阶段　　　　　　　　　　　　093
　四、航后讲评阶段　　　　　　　　　　　　094
第三节　客舱服务管理　　　　　　　　　　　094
　一、客舱灯光调控　　　　　　　　　　　　094
　二、厨房灯光调控　　　　　　　　　　　　095
　三、客舱温度调控　　　　　　　　　　　　095
　四、厨房管理　　　　　　　　　　　　　　095
　五、客舱环境管理　　　　　　　　　　　　095
　六、卫生间环境管理　　　　　　　　　　　096
　七、为旅客保管物品的原则　　　　　　　　096
　八、特殊行李占座的规定　　　　　　　　　096
　九、播放登机音乐的规定　　　　　　　　　096
　十、机内广播规定　　　　　　　　　　　　097
　十一、对飞机喷洒药物的规定　　　　　　　097
　十二、货单的签收交接　　　　　　　　　　097
　十三、业务袋的签收交接　　　　　　　　　097
第四节　客舱服务流程　　　　　　　　　　　098

PS 工作程序	098
一、航前准备阶段	098
二、直接准备阶段	098
三、空中实施阶段	099
四、航后讲评	100
SS2 工作程序	100
一、航前准备阶段	100
二、直接准备阶段	101
三、空中实施阶段	101
四、航后讲评	102
SS3 工作程序	102
一、航前准备阶段	102
二、直接准备阶段	102
三、空中实施阶段	103
四、航后讲评	104
SS4 工作程序	104
一、航前准备阶段	104
二、直接准备阶段	104
三、空中实施阶段	105
四、航后讲评	105
思考题	106

第五章

特殊旅客服务　　　　107

第一节　特殊旅客定义及分类	108
一、重要旅客（VIP）	108
二、婴儿旅客（INF）	108
三、孕妇旅客（PREG）	108
四、儿童旅客（CHD）	108
五、老年旅客（AGED）	109
六、障碍性旅客(MEDA)	109
七、遣返及在押旅客（INAD）	110
八、特殊旅客数量的限制	110
第二节　特殊旅客服务要求	111
一、重要旅客服务要求	111

二、婴儿旅客服务要求 … 112
三、孕妇旅客服务要求 … 113
四、儿童旅客服务要求 … 113
五、老年旅客服务要求 … 114
六、障碍性旅客服务要求 … 115
七、遣返及在押旅客服务要求 … 118
思考题 … 119

第六章
不正常航班服务 … 120

第一节　不正常航班的原因和影响 … 121
一、不正常航班的原因 … 121
二、不正常航班的影响 … 122
第二节　不正常航班服务内容 … 123
一、不正常航班服务要求 … 123
二、不正常航班服务相关处置 … 124
思考题 … 125

第七章
旅客心理服务与沟通技巧 … 126

第一节　旅客心理服务 … 127
一、旅客心理服务内涵 … 127
二、旅客心理特点及服务特点 … 127
第二节　沟通技巧 … 130
一、与旅客沟通的技巧 … 130
二、正确处理旅客的投诉 … 131
思考题 … 132

附　录 … 133

一、乘务专业英文代码及含义 … 134
二、乘务员部分专业术语 … 136

参 考 文 献 … 138

第一章
客舱服务概述

　　客舱服务是彰显航空公司服务能力的重要窗口。客舱服务是旅客体验航空公司服务产品时间最长的一个阶段。客舱服务除了向旅客提供舒适的座椅、可口的餐食、丰富的娱乐设施等硬件服务以外，更为关键的是乘务员对旅客的服务。服务规范、真诚热情、主动及时等服务特色，都是旅客感受企业服务能力最直观的表现。客舱服务已经成为航空公司之间竞争的关键手段之一。优质的客舱服务能够有效巩固现有旅客，赢得更多回头客，扩充大量长期忠诚客户，是企业创造经济效益不可忽视的重要方面。

第一节
客舱服务的内涵

一、客舱服务的含义

从狭义角度看,客舱服务是按照民航服务的内容、规范和要求,以满足旅客需求为目标,为乘机客人提供相应的服务的过程。这一定义强调了客舱服务的规范性,体现了客舱服务作为服务行业的基本特性,但无法体现客舱服务的全貌与本质。

从广义角度看,客舱服务是以客舱为服务场所,以个人的影响力与展示性为特征,将有形的技术服务与无形的情感传递融为一体的综合性活动。这一定义既强调了客舱服务的技术性,又强调了服务过程中不可缺少的情感表达,同时体现了乘务员个人的影响力。

二、客舱服务的特点

随着时代的发展和航空运输旅客需求的不断提升,优质的客舱服务在规范化、法制化和科学化管理的基础上,形成了更具个性化、特色化、人性化的特点,优质的客舱服务逐渐发展成一种客舱文化。与其他服务相比,客舱服务具有以下特点。

1. 安全责任重大

飞行安全是航空公司的生命,是航空公司开展工作的首要目标。早在1957年10月,周恩来总理就在民航局《关于中缅通航一周年的总结报告》上批示:"保证安全第一,改善服务工作,争取飞行正常。"可见,安全是航空工作的最基本的要求。客舱安全作为飞行安全的一个重要组成部分,是飞行安全的基本保证。

乘务员作为客舱服务的实施者,肩负着客舱内部安全以及对乘客进行安全管理的重任。乘务员不仅要做好本职工作,为乘客提供优质的服务,还要担负起管理和引导乘客的责任,乘务组的首要职责就是确保客舱的运行安全。

2. 服务环境特殊

客舱服务是在飞机客舱中进行的(如图1-1所示),飞机客舱空间狭小,设施功能特殊,使得飞机上的客舱服务有别于其他行业的服务。客舱空间狭小使人们在飞机上的活动不能随心所欲;飞机所携带的服务用具数量有限,尺寸也需要定制。如何利用有限的资源和空间为乘客提供优质的服务,这对乘务员来说是极大的挑战。客舱乘务员在客舱推拉餐车时应注意地面可能出现的障碍,避免碰撞乘客;为乘客递送饮料餐食时,应注意考虑递送顺序和方法,避免烫伤乘客;乘客行李的摆放既要安全又要有序。飞机上的各种设施都与安全密切相关,这就要求乘务员的操作要严谨、规范,避免因操作失误导致安全事故。

图 1-1　客舱

3. 服务内容繁杂

客舱服务的内容繁杂多样，涉及范围广泛。首先，飞机上的安全服务是其他服务活动所不能比拟的。从乘客走进客舱，到离开飞机，各种安全检查、安全演示和安全提醒贯穿整个服务过程。其次，在飞机平飞阶段，乘务员需要为乘客提供餐饮等多项服务，并尽可能满足乘客提出的要求。由于飞行时间有限，这就要求乘务员要忙中有序，不能出错。

4. 规范性强

客舱服务既有国家规定的服务标准，又必须达到民航安全运行的要求。如为旅客提供饮料时都有严格的标准。一般情况下，倒饮料要七八成满，这不仅是礼仪要求，更是安全的要求；倒热饮时如发生颠簸，要严格遵守五成满的标准，防止因颠簸造成倾翻和烫伤。客舱服务的规范性是飞行安全的重要构成因素之一，而飞行安全是民航工作的重中之重，牵系着旅客的生命、企业的生存以及国家的形象和声誉（如图 1-2 所示）。

图 1-2　规范服务

5. 注重个性化服务

客舱拥有不同层次的旅客，上至国家政要，下至平民百姓；既有经常乘坐飞机的商务旅客，又有初次乘机的旅游团队，其实客舱就是一个小社会。乘务员应该根据不同层次、不同要求、不同地区、不同国籍的旅客提供个性化的服务。例如，为"两舱"（指头等舱和公务舱）旅客服务时更注重的是服务细节，如动作轻柔、沟通适时、服务"零打扰"；而为团队旅客服务的时候注重的是他们的乘机兴趣，比如向旅客介绍飞机机型、空中沿途风景等。这些个性化服务是提升服务品质的关键。

6. 对乘务员综合能力要求高

飞机在高空飞行时，能借助的资源少，一旦发生紧急情况，更需要乘务员的应变能力和处置能力。例如在旅客突发急病时，乘务员的角色就是医生，就是护士。除了给他们必要的安慰以外，最重要的就是对旅客实施急救，想尽一切方法来挽救旅客的生命，减轻旅客的痛苦。例如孕妇在机上分娩，乘务员必须在有限的空间和时间，利用简单的设备以及机上没有医生的情况下，承担起接生的角色，尽一切可能帮助产妇，以确保产妇和婴儿的平安。对于服务过程中出现复杂多变的情况和突发事件，乘务员要具有很强的心理素质，临危不惧，果敢坚定；善于发现问题，果断处理问题；具有灵活的沟通能力和应变能力。

综上所述，客舱服务要求乘务员具备较高的综合素质。除了一般服务行业所需的服务意识、专业知识和服务技巧等以外，还要具备稳定的心理素质以及遇到突发情况时的处置能力和特殊技能，以实现航班的安全运行和服务要求。

三、客舱服务的内容

客舱服务就是通过优良的客舱硬件设施和乘务员优质的服务两者的有机结合，为旅客提供家庭式的温馨服务。自然、亲切、主动、及时、耐心的客舱服务能够使旅客切身体验到温馨的客舱就是他们的空中之家。客舱服务的内容按照不同的形式大致可以分为以下几种。

1. 有形服务和无形服务

从意识形态上，客舱服务可分为有形服务和无形服务。

① 有形服务通常指的是航空公司提供给旅客的空中硬件服务。它包括提供的餐饮服务、机供品（书报杂志、毛毯、洗漱品等）服务、视频（音频）服务、客舱环境、客舱设备、座椅舒适（度）等。

② 无形服务主要指的是心理服务，亦称为精神服务，是一种高层次的服务。其内容包括服务的仪容仪表、气质风度、精神服务、文明礼貌语言艺术及处理服务中的冲突艺术和紧急情况下的处置等。

2. 服务流程

从服务流程上，客舱服务包括如下几个部分：迎客服务、广播服务、安全介绍、报纸杂志、餐饮服务、入境海关单发放（国际航班）、免税品销售（国际航班）、目的地景点信息告知、落地送客服务。

3. 舱位服务

按飞机舱位类型，客舱服务可分为：头等舱服务（F）、公务舱服务（C）和经济舱服务（Y）。

第二节 客舱乘务员职业要求

客舱乘务员英文名称为 cabin attendant、cabin crew 或 flight attendant。是指出于对

旅客安全的考虑，受运营人指派在航空器客舱内执行安全、服务值勤任务的机组成员。

本职业共设四个等级，分别为：五级民航乘务员（国家职业资格五级）、四级民航乘务员（国家职业资格四级）、三级民航乘务员（国家职业资格三级）、二级民航乘务员（国家职业资格二级）。

一、客舱乘务员职业资质

民航乘务员的职业能力特征为：具有较强的表达能力和观察、分析、判断能力；具有一定的空间感和形体知觉、嗅觉；手指、手臂灵活，动作协调；身体无残疾，无重听，无口吃，无色盲、色弱，矫正视力在 5.0 以上；男性身高在 1.74 米以上，女性身高在 1.62 米以上。

1. 客舱乘务员资格要求

① 年满 18 周岁。
② 具有大专及以上学历，部分航空公司要求本科以上学历。
③ 无犯罪记录。
④ 能正确听、说、读、写中文，无影响沟通的口音和口吃。合格证持有人聘用的外籍客舱乘务员，应具备一定的中文或英语沟通能力。
⑤ 持有局方颁发的有效的航空人员体检合格证。
⑥ 按照合格证持有人经局方批准的训练大纲完成训练，并通过合格证持有人的检查，取得合格证持有人颁发的有效训练合格证。
⑦ 由合格证持有人作为客舱乘务员聘用。

2. 新雇初始客舱乘务员资格

新雇员和来自公司以外的客舱乘务员需按照公司经局方批准的《客舱乘务员训练大纲》要求进行新雇初始客舱乘务员训练，经考试合格且完成相应航线飞行经验指导和资格检查后，才能取得"客舱乘务员训练合格证"，担任客舱乘务员工作。

3. 头等舱/公务舱客舱乘务员资格

头等舱/公务舱客舱乘务员需经过对职责、服务技巧、酒类服务、应急生存等方面的训练，经考试合格后才可取得头等舱/公务舱客舱乘务员资格。

4. 主任乘务长/乘务长（区域乘务长）资格管理

① 符合公司对主任乘务长/乘务长岗位的任职要求，达到乘务员素质模型中对主任乘务长/乘务长的要求；
② 持有在特定飞机上担任客舱乘务员所需要的有效的训练合格证和局方颁发的有效的航空人员体检合格证；
③ 具有大专或大专以上文化程度；
④ 聘任乘务长需至少具有 3 年（含）客舱乘务员岗位工作经历，至少飞行 2500 小时并且聘任两舱乘务员至少满 2 年；

⑤ 聘任主任乘务长应连续聘任乘务长满 2 年或累计聘任满 4 年；

⑥ 近 3 年内没有人为责任原因导致的不安全事件；

⑦ 具有相应的知识经验、训练经历和经证明的能力；

⑧ 按照公司经局方批准的《客舱乘务员训练大纲》完成主任乘务长／乘务长训练课程且考核成绩合格；在航线飞行中由各客舱服务部门指定客舱乘务教员对其进行指导，并指定客舱乘务检查员对其能力是否合格进行鉴定；

⑨ 主任乘务长／乘务长应每 24 个日历月完成一次不少于 6 小时的定期训练。

5. 乘务员执行航班任务携带的资质证件

客舱乘务员执行航班任务，应携带以下有效证件：

① "航空人员体检合格证"；

② "中国民航空勤登机证"；

③ "中国民用航空客舱乘务员训练合格证"；

④ 国际航班携带 "中华人民共和国因公护照"；

⑤ 地区航班携带 "因公往来香港、澳门特别行政区通行证""大陆居民往来台湾通行证"。

以上有效证件是根据《大型飞机公共航空运输承运人运行合格审定规则》的要求，必须携带且现行有效。

客舱乘务员执行航班任务，一般应携带以下业务资料和装具：

① "客舱乘务员手册"；

② "客舱乘务员广播手册"；

③ "服务规范手册"；

④ 个人装具，包括姓名牌、手表、笔、化妆品、围裙、丝袜、针线包和眼镜等备用物品以及驻外期间生活用品等。

二、客舱乘务员职业技能训练

1. 新雇初始客舱乘务员训练

初始新雇员训练是指对航空公司新聘的将要从事客舱乘务员岗位的人员所进行的训练。该训练还适用于：从其他航空公司调入该航空公司的客舱乘务员、中断客舱乘务员工作超过连续 30 个日历月（不含）的原训练合格的客舱乘务员。

① 安全训练。航空公司根据局方审批同意的《客舱乘务员训练大纲》对初始新雇员进行培训。训练科目包括：运行规则、乘务工作职责、机上通用设备／系统训练、特定机型设备／系统训练、应急程序训练、应急操作训练、机上急救训练、应急生存训练等。

完成地面初始新雇员训练后，需进行每种机型至少 4 个航段不少于 7 个小时的带飞训练，并在经局方认可的客舱乘务检查员的监督下履行规定的职责至少达到 2 个航段不少于 5 小时，经检查合格后，方可视为完全完成全部初始新雇员训练，由航空公司颁发有效的训练合格证。

② 服务训练。航空公司为提高客舱乘务员职业素养，提高旅客满意度而制订的服务训练科目。在进行初始新雇员训练的同时，还设置服务训练课程，包括：礼仪训练、职业形象、商务知识、旅客服务心理、服务程序、服务技能、广播能力、语言沟通等。

2. 转机型训练

指曾通过某一型别飞机（如表1-1所示）的训练并经审定合格获得资格的客舱乘务员，在获得在其他型别飞机上履行岗位职责资格前需要进行的训练和资格审定过程的一部分；转机型地面训练结束后90天内未完成航线飞行经验指导和资格检查的人员，在被重新安排相应机型飞行经验指导和资格检查前所需进行的该机型的补充训练。

表1-1 飞机型别表

飞机型别	飞机
B737	B737-700、B737-800、B737-8
B747	B747-400P、B747-8
B777	B777-200、B777-300ER
B787	B787-9
A319	A319-100、A320-200、A321-200
A330	A330-200、A330-300
A350	A350-900

新雇初始客舱乘务员进行不多于3种型别飞机的训练，如有特殊需求经局方批准后方可增加至4种。

3. 机型差异训练

指曾通过某一型别飞机的训练并经审定合格获得资格的客舱乘务员，需要在相同型别的衍生型或改型飞机上履行岗位职责时，进行的补充训练。

4. 定期复训

为了保持客舱乘务员的资格有效，已获得客舱乘务员资格的客舱乘务员应按照规章规定每12个日历月完成一次定期复训；每连续24个日历月进行一次应急生存演练训练、应急医疗训练、CRM训练、高原机场运行训练；每连续24个日历月进行一次危险品运输定期复训。允许训练在期满的前一个或后一个日历月中进行。

5. 重新获得资格训练

指已经过训练并审定合格获得资格的客舱乘务员由于连续12个日历月（含）未参加飞行；未按规定期限完成定期复训；同一年度中两次年度航线检查不合格等原因而失去资格，在其后24个日历月内为恢复资格需要进行的训练和资格审定过程的一部分。

6. 特殊训练

（1）极地航线运行训练 指已获得客舱乘务员资格，并已获得在极地航线运行所要求的特定型别飞机上履行岗位职责资格的客舱乘务员进入极地航线运行前需进行的训练。

（2）**高原机场运行训练** 指客舱乘务员在进入高原机场运行前需完成的训练。

（3）**危险品运输训练** 为保证机上人员、地面操作人员和载运危险品的飞机的安全，公司按照相关法律法规、行业规范及标准实施危险品运输前对相关人员进行的训练。

（4）**安保训练** 为提高民用航空工作人员的安保意识和安保业务技能，公司根据相关法律法规要求，对从事民用航空工作及其相关人员，安排的与其工作职责相适应的航空安全保卫训练。

7. 训练要求

① 训练机构应满足公司《客舱乘务员训练大纲》的要求，提供足够的训练设施和教材，配备具有资格的乘务教员，并得到公司认可。

② 客舱部门应当按要求为客舱乘务员的训练课程安排受训时间。

③ 产品服务部根据各客舱服务部的人力资源需求状况、公司机队发展规模以及培训资源制订年度培训计划并下达至各分公司/基地、客舱服务部及培训部。

8. 训练实施及资格检查

① 客舱乘务员资格的训练及考核由公司或公司认可的客舱乘务员训练机构负责实施。

② 客舱乘务员的资格检查由局方认可的客舱乘务检查员检查并做出检查结论。

③ 对于新机型、新岗位的客舱乘务员应当在客舱乘务检查员的监督下履行规定的职责至少达到5小时且包括至少2个航段。客舱乘务检查员应当亲自检查这些职责的完成情况并对检查情况做出结论、填写单飞检查表。正在获得飞行经验的客舱乘务员不得担任机组必需成员。

④ 客舱乘务员每一年度应完成至少一次航线检查。

9. 客舱乘务员训练记录

① 培训部负责对客舱乘务员在培训部完成的各项训练的原始记录进行备份并存档，并负责在训练完成后五个工作日之内将训练成绩单提供给各客舱服务部训练管理部门。

② 各客舱服务部训练管理部门负责对所属客舱乘务员的训练记录进行存档并备份，并负责对带飞、航线检查等在本单位实施训练的原始记录进行备份并存档。

10. 客舱乘务员训练合格证使用的有效期限

① 客舱乘务员的训练合格证证件长期有效。

② 定期复训（RT）的有效期为12个日历月，危险品训练（DGTT）的有效期为24个日历月，客舱乘务员有责任和义务对各类训练的有效期进行自行监控，并妥善保管训练合格证，避免遗失。

③ 个人需对"中国民用航空客舱乘务员训练合格证"的有效期负责，不在有效期内，不得执行飞行任务。

④ 客舱乘务员调离公司或停飞，所属单位的训练管理部门负责及时将乘务员训练合格证收回并销毁。

三、客舱乘务员职业素养

1. 客舱乘务员的形象要求

客舱乘务人员在值勤时必须着公司统一制服，在公众场合，不得谈论任何与飞行安全有关的事件，包括天气因素、飞机适航性、机场条件或者任何公司或政府人员的运行资格等。客舱乘务人员着公司制服，既代表着公司在公众中的形象，同时又便于乘客识别，特别是在应急情况下能够有效地组织撤离。着制服时，必须保证自己的行为举止符合公共行为规范。制服应保持干净、整洁，穿着时能体现出公司飞行人员良好的精神风貌和职业特点。在非值勤时间，除公司认可的公益活动外，均不允许穿着制服。男乘务员肩章或袖线的标志为2杠。女乘务员两款不同颜色的制服、马甲不得混穿。

客舱乘务员很大程度上代表着航空公司对外展示的企业形象，因此对客舱乘务员的职业形象有着较高的要求：整体自然清新、端庄典雅、充满活力、富有时代感。

（1）制服要求　乘务员在执行航班任务时应穿着企业统一下发的制服和配饰，一般包括帽子、大衣、风衣、外套、衬衣、套裙、西裤、丝巾、领带、领带夹、皮带、皮鞋、姓名牌等。

制服应干净无污渍、完好无脱线、熨烫平整、无皱痕，衬衣应束于裙或西裤内。衣扣、拉链完好无缺损，丝袜无勾丝，皮鞋无破损、保持光亮。

（2）妆容要求　乘务员的妆容要按照企业要求，保持清新靓丽，符合职业形象。

女乘务员要求粉底、口红、眼影、胭脂等妆面与肤色协调，眉形柔和，眼线浓淡适度，妆容不夸张；短发不得短于3寸，刘海不过眉，盘发者要求发髻光洁；可使用清新宜人的香水。

男乘务员要求执行航班必须洗净头发、长度适中、不得短于1厘米，前不遮耳，后不遮领，发型自然，无头屑；剃净胡须、修剪耳/鼻毛，保持面部皮肤滋润。

（3）其他要求　乘务员执行航班不得佩戴造型夸张的饰物和手表。双手保持清洁无污物，不留长指甲，指甲保持洁净和光泽。值勤前不得饮酒、抽烟和吃气味较重的食品，应保持口气清新。

2. 客舱乘务员职业素养

作为一名客舱乘务员，不仅仅是为乘客提供餐饮服务，除了掌握服务技巧外，还需要掌握人文地理、政治、经济、航线地标等知识，另外还要掌握飞机的客舱设备、紧急情况的处置、飞行中的服务工作程序等。可以说乘务员上要懂得天文地理，下要掌握各种服务技巧，不单拥有漂亮的外表，还要有更加丰富的内涵。作为一名合格的乘务人员，需要具备以下职业素养。

（1）有效的沟通能力　这是基本能力中最重要的一条，在与旅客的交往中，用语言和表情(表情包括：态度、目光、手势等)传达信息。语言和态度的能力是至关重要的，乘务员不一定是个演说家，但他一定要有较强的表达能力。一个乘务员具备真诚友善的态度和良好的表达能力，可能产生吸引旅客、打动旅客、说服旅客，给旅客以好感的特殊作用。

① 表达能力。作为一名乘务员要学会说话的艺术。不同的服务语言往往会得到不同的服务效果，对于不同旅客群体，掌握不同的说话技巧。在服务中，往往由于一句话，会给服务工作带来不同的结果。客舱乘务员在为旅客服务时，除了眼神、微笑、动作的交流之外，更多的是通过语言交流，语言沟通能力是客舱乘务员必备的业务技能。在与旅客沟通交流时要注意有礼有节、语气语调、场合时间、把握分寸、掌握主动，做到"尊重、清晰、倾听、礼貌"。

a. 言谈的仪态。不论是作为言者还是作为听者，交谈时必须保持精神饱满，表情自然大方、和颜悦色，应目光温和，正视对方。

b. 话题的选择。首先要选择对方感兴趣的话题，比如与航空旅行相关的话题。

c. 言者的表现。空乘人员在与旅客谈话时，语言表达应准确，语意完整，语声轻柔，语调亲切，语速适中，同时要照顾旅客的情绪和心情，不可自己滔滔不绝说个没完，也要给旅客留下说话的机会，做到互相沟通。

d. 做一名耐心的听众。在与旅客谈话中，要注意耐心听取旅客的讲话，对谈话的内容要做出积极的反应，以此来表现你的诚意，如点头、微笑或简单地重复旅客的谈话内容，同时恰如其分的赞美是必不可少的，它能使交谈气氛更加轻松、友好。

② 适应和自控能力。由于旅客来自各个阶层，这决定了乘务员将要同不同年龄、不同身份、不同性格、不同文化水准、不同地位的人打交道，他们还将遇到各种不同的问题，因此，乘务员应具有很强的适应能力和自我控制能力。所谓适应是指自己能够很快地适应对方，并让对方感到他与你之间的心理距离很快就缩小了，这样有助于双方的沟通与服务。不要把适应理解为简单地附和别人、奉承别人。如果那样，反而会引起对方的不安和反感，使双方的心理距离越拉越大，最终将无法实现沟通。

自控能力指的是服务人员在意志行动中善于控制自己的情绪，约束自己的言行。作为服务人员，应善于控制自己的心境，纠正不良的心态，明确自己的角色，善于在实际行动中抑制消极情绪和冲动行为；善于促使自己去执行已采取的决定，并战胜一切不利的因素。控制情绪最根本的方法是加强自身的思想品德修养，培养高尚的情操，在各种复杂的情况下保持清醒的头脑，高质量地完成工作。

③ 组织能力。组织能力是指乘务员有计划、有步骤地安排工作，使之达到旅客满意的一种实际工作能力。在客舱服务工作中，掌握其程序和应对旅客可能出现的一些问题，这本身就是组织能力的具体体现。在对旅客的服务中，会出现各种意想不到的问题，分析和解决这些问题实际上是一种综合能力的体现。

（2）良好的服务意识　在激烈的航空市场竞争中，服务质量的高低决定了航空公司是否能够生存，市场竞争的核心实际上是服务的竞争。民航企业要想在市场竞争中赢得旅客，就必须提高服务理念。服务意识是经过训练后逐渐形成的。意识是一种思想，是一种自觉的行动，是不能用规则来保持的，它必须融化在每位空乘人员的人生观里，成为一种自觉的思想意识。

良好的服务能力是乘务员必须具备的专业能力，它能够让旅客感受到宾至如归、温馨如家的服务体验。具备一颗为旅客热情服务的心，就是急旅客所急，想旅客所想，尽力提供亲切温馨、主动关爱的服务。乘务员要学会细致观察旅客需求，细心揣摩旅客心理，做到眼中有活，服务于旅客开口之前。树立以客为尊的服务理念是乘务员做好客舱服务的前提，也是航空公司占领市场份额、赢得更多回头客至关重要的利器。要怀着感恩的心，珍惜每一次航班与旅客相聚的机会，尊重旅客、感恩旅客、服务旅客，让每一位旅客在体验客舱服务的过程中，成为企业的忠诚客户。

乘务员应为旅客提供热情周到、无微不至、温馨细致的服务，能让旅客感受到宾至如归。有些航空公司还总结提炼为特殊旅客服务的"五好服务"经验，即：老年旅客的好儿女、伤残旅客的好护士、特殊旅客的好帮手、儿童旅客的好阿姨、外地旅客的好向导，让旅客充分享受到以客为尊的服务体验。

（3）**精湛的专业技能** 乘务员具备精湛娴熟的专业技能是做好航班安全服务工作的必要保证。同时培养学习的兴趣和爱好，丰富自身的知识内涵，才能更好地做好本职工作，提供超出旅客期望的高品质服务。

乘务员娴熟的技能在服务过程中发挥着重要的作用。如遇到外籍旅客时，乘务员良好的外语能力，能增进与旅客的沟通，拉近与旅客的距离；遇到旅客对安全规章不理解时，乘务员通过详细的讲解，为旅客释疑解惑，让旅客产生安全感和信任感，取得旅客对安全管理工作的支持；遇到聋哑旅客时，乘务员可以运用掌握的哑语手势，为特殊旅客提供个性化的服务。乘务员要有精湛良好的专业能力，成为服务专家，能够正确判断和处置服务中的棘手问题，从而建立旅客的信任感，让旅客放心、安心。

建立终生学习的目标，不仅要掌握民航法规、行业规章和手册规范要求，还要学习与服务相关的知识，如茶酒文化、西餐礼仪、服务心理学、各国风土人情等。不断汲取新的知识和文化养料，为使自己成为一名优秀的乘务员奠定扎实的基础。

（4）**强烈的安全意识** 安全是航空公司的最高职责。客舱乘务员不仅要做好客舱的服务工作，还要承担起保证旅客安全的重要职责。一名合格的乘务员应该具备高度的安全意识和对突发事件的正确判断和处置能力。乘务员在执行航班任务时要随时保持高度的安全意识和防范的预见性，及时发现和处置存在的各种安全隐患，尽力避免不安全事件的发生。航班运行中有时会遇到一些不安全事件，乘务员要沉着冷静，运用平时训练的技能，安全、及时、妥善地处置，全力保证旅客的安全，将危害降到最低程度。一般来说，应急处置要遵循以下三原则。

a. 冷静判断原则。客舱乘务员在紧急情况发生时要沉着冷静，进行自我情绪控制，同时也要控制旅客的情绪，根据事件情况做好正确判断才能采取正确的解决方法。

b. 明确职责原则。安全第一是最高职责，客舱乘务员要时刻明确自身岗位的职责和要求，航前准备要认真回顾各项安全规章和各项标准，在发生紧急事件时坚守岗位，分工合作，灵活应变。

c. 运用程序原则。客舱应急处置有基本的处置程序和操作标准，乘务员要熟练掌握和灵活运用各类处置程序，积极发挥程序的作用，提高处置突发事件的能力和效率。

（5）积极的心态和健康的体魄　乘务员在飞机上要接触性格迥异的众多旅客，也会遇到各种意想不到的突发情况，如果没有良好的心理素质、热情开朗和积极乐观的性格，就很难胜任此项工作。

a. 换位思考。乘务员在服务工作中具有换位思考的意识是非常重要的。站在旅客的角度去思考问题，顾及旅客的感受和想法。如天气原因造成航班长时间延误，耽误了旅客的行程，影响了旅客的工作，此时，旅客难免有焦急烦躁的情绪，将怨气发泄在乘务员的身上，有时会谩骂乘务员，甚至有粗鲁的行为。乘务员要从旅客角度出发，调整心态，避免因旅客的干扰而影响自己的情绪，对服务造成不良影响。乘务员学会了换位思考就会用微笑和阳光心态来面对工作中的压力和各种突发情况，更好地投入工作。

b. 宽容豁达。宽容豁达是一种健康良好的生活态度，乘务员需要拥有宽容豁达的态度，要学会正面思考，乐观豁达，培养面对困难的勇气和心理素养。如遇到旅客不满意，对乘务员进行批评时，乘务员要大度宽容，耐心听取，虚心接受，对自身工作的不足与问题要真诚致歉，思考反省，在后续的服务中及时改进；当旅客提出的抱怨批评非乘务员主观原因时，乘务员也要虚心听取，宽容接受，不抱怨旅客的不理解。

c. 良好的身体素质。乘务员在万米高空工作，要承受低气压、高紫外线、高噪声、缺氧环境、极地飞行、颠簸、晕机等影响，要始终在旅客面前保持良好的精神状态，就必须具备良好的身体素质和健康体魄。

d. 注意劳逸结合。对空中乘务员而言身体素质的意义非同小可。乘务员的身体素质就像可靠的硬件，给予乘务员工作的能量和精力。所以乘务员要注意休息调整和坚持体育锻炼，注意劳逸结合，形成良性循环。

e. 良好的膳食习惯。乘务员要建立良好的膳食习惯，保证身体必需的营养和能量。由于乘务员的工作特点，往往不能保持正常的用餐规律，所以乘务员要合理膳食、绿色膳食，避免挑食、偏食、节食和暴饮暴食，同时要禁烟控酒，注意保养肠胃，爱惜身体。

? 思考题

1. 客舱服务的意义是什么？
2. 客舱服务的特点有哪些？
3. 客舱乘务员执行航班任务携带的资质证件有哪些？
4. 客舱乘务员职业技能训练有哪些？
5. 客舱乘务员应具备哪些职业素养？

第二章
客舱设备操作

飞机客舱是保证乘客安全、舒适旅行的空间。航空公司的知名度、飞机机型、客舱服务系统的舒适度和安全程度等对乘客选择航空公司旅行具有重要影响。飞机的客舱布局对旅客安全和舒适度影响具有决定性作用。客舱的布局是指航空公司对客舱座椅、厨房、厕所、舱门等安置，飞机制造商依据航空公司的要求来进行装配安装。一般对大型客机而言，客舱座椅按头等舱、公务舱、经济舱三个等级来安排，中型客机通常只按头等舱和经济舱两级布局，而小型飞机通常只有一个等级的座舱。飞机机型越小的客舱分的等级越少。

第一节 客舱设备介绍

一、旅客服务设施

(一)旅客座位

B737-800/ A320型普通舱旅客座位(图2-1)每排6座。旅客座位设有可调式软垫座椅、小桌板、安全带、座位背部的储藏袋、音频按钮、音频插口、座椅调节按钮等。小桌板固定在旅客座位上的座椅背部,并可折叠收起;面对分隔区的座位及头等舱的座椅小桌板则在座椅的扶手内,可折叠收起。

图2-1 旅客座位

1.椅背

(1)操作

① 按压扶手上的按钮,同时把椅背向后倚靠,可将椅背向后放倒至少15度;
② 椅背通常也可前倾。

(2)注意事项

① 部分靠近机门、应急窗的旅客座位的椅背无法向后或向前调节;
② 有些飞机上的座位是无法前倾的,不要硬推,否则会损坏座位结构;
③ 每一旅客座位上都配有安全带(机上配备的加长安全带必须与旅客座椅上的安全带相匹配)。

2. 扶手

（1）操作 座椅扶手有固定扶手和活动扶手两种。旅客座位间的扶手通常可向上翻起，或被拆卸。

（2）注意事项 有些机型的部分过道座位外侧扶手可向上翻起，以便于轮椅旅客就座，如图 2-2 所示。

每个座位背部都设有一个储藏袋，放置安全须知手册、清洁袋、宣传品等。部分飞机上座椅设计有脚蹬、旅客服务或娱乐组件（注意：起飞、下降时椅背必须调直，餐桌、脚蹬与旅客荧屏须收起）。

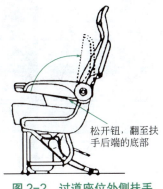

图 2-2 过道座位外侧扶手

（二）舷窗与遮光板

1. 作用

① 舷窗用于观察机外。
② 遮光板用于遮挡阳光。

2. 注意事项

① 舷窗外层与中间层玻璃有时会有裂纹，请立即报告驾驶舱，并将这个舷窗附近的旅客调至其他座位，随后的飞行中应始终接通"系好安全带"信号灯；

② 如舷窗内层玻璃出现裂纹，不必担心飞机是否会失压，它是不密封的；将情况报告主任乘务长/乘务长并在"客舱设备记录本"上作好记录；

③ 起飞下降时必须打开遮光板，以便于观察机外的状况；

④ 机门上的观察窗必须在起飞、下降时打开或调亮。

注意：在标有"⊥"窗口处可以观察到目视下锁装置；在标有"▲"处可以检查飞机襟翼、缝翼的活动情况，如图 2-3 所示。

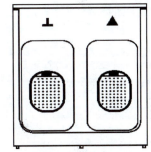

图 2-3 窗口标记

（三）行李箱

行李箱是沿着侧壁板排列。主要用来存放旅客的手提行李、大衣以及机组使用的手提式氧气瓶、灭火瓶、话筒等紧急设备，能承重 15~76kg 的物品。行李箱门有"开"和"关"两个位置，即使行李箱未装满，其内部的"固定装置"也可固定箱内的行李。

（四）旅客服务组件

旅客服务组件 (PSU)（如图 2-4 所示）安装在旅客座椅上方的行李箱框上，主要包括阅读灯、阅读灯按钮、呼叫按钮与呼叫显示灯（新型号飞机，呼叫按钮与呼叫显示灯是分开的）、手调式通风孔、氧气面罩储藏箱及人工打开按钮、"请勿吸烟"信号灯、"系好安全带"信号灯、扬声器等。

旅客服务组件介绍

图 2-4　旅客服务组件 (PSU)

二、信息通告系统

1. 旅客信息通告标示

客舱内设有"系好安全带"和"禁止吸烟"标示,"系好安全带"标示为灯光指示,"禁止吸烟"标示分为灯光指示和标牌指示,如图 2-5 所示。

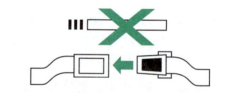

图 2-5　"系好安全带"和"禁止吸烟"标示

2. 旅客止步警示带

在飞机后服务舱设有客舱旅客止步警示带,如图 2-6 所示。

图 2-6　旅客止步警示带

3."返回座位"标示灯

盥洗室内的"返回座位"标示灯只在灯处于亮的状态时方可显示。标示灯的亮—灭循环将同时伴随有谐音提示,如图 2-7 所示。

图 2-7 "返回座位"标示灯

三、客舱照明系统

客舱灯光照明由客舱顶灯和窗灯、客舱入口灯和门槛灯、乘务员工作灯、厨房灯、乘客阅读灯、洗手间照明、客舱应急照明组成。

1.客舱正常照明

（1）顶灯和窗灯　客舱顶部和舷窗上部的荧光灯是客舱的主要照明灯光，客舱顶部还设有为夜航提供柔和低亮度的照明灯，控制开关在乘务员控制面板上。乘务员控制板上的灯光系统可以根据不同的情况调控灯光的亮度。

（2）入口灯和门槛灯　在登机门处设有入口灯和门槛灯，控制开关在乘务员控制面板上。

（3）乘务员工作灯　在乘务员的座位上方和厨房区域内设有工作灯，控制开关在乘务员控制面板和厨房控制面板上。

（4）厨房灯　厨房灯由厨房控制板上的开关控制，在乘务员工作时使用。

（5）乘客阅读灯　阅读灯设在每个旅客座位上方的旅客服务组件上，旅客可以单独控制各自的阅读灯。

（6）洗手间照明　洗手间内部照明由顶灯和镜灯提供，当飞机电源接通，顶灯就亮；在地面，飞机电源接通，镜灯也亮；在空中，镜灯由门闩控制，插上门闩，镜灯就亮；洗手间门外上方装有门槛灯，飞机电源接通就亮。

客舱灯光调节要求：

在登机、安全演示和旅客下飞机时，调节客舱灯光到"亮"位。在起飞和降落阶段，考虑到发生紧急情况时眼睛的适应性，客舱灯光应调暗。

2.客舱应急灯光

除正常照明外，在前后舱顶处，每个登机门、厨房门、撤离口和行李架圆角上均有紧急出口灯。

（1）应急灯的控制　应急灯由驾驶舱控制面板控制，有接通(ON)、关上(OFF)和滑梯预位(ARMED)三位。在滑梯预位状态时，当正常电源失效，机上的应急灯自动会亮，由可充电的电瓶提供电源约15分钟。如果应急灯不能自动亮出，乘务员可以从乘务员控制面板按压应急灯旁通电门启亮应急灯。

（2）客舱内部应急灯

① 应急撤离通道灯。在接近出口区域有箭头或红色灯光指示，即使客舱上部被烟所遮盖，也可以沿着撤离通道灯找到出口。

② 走廊灯。装在行李箱外圆角内或过道顶上，照射通道。

③ 出口标志灯。在登机/服务门或应急出口位置上，照亮门和门槛位置。

④ 出口位置灯。装在过道顶上，提示出口位置。

（3）客舱外部应急灯　在每个登机/服务门和应急出口区域后面机身蒙皮内，照亮撤离滑梯。

四、厨房设施

厨房用电是飞机提供的 115 V/400 Hz 的交流电，驾驶舱内厨房电源开关打开时，厨房总电源才接通。在飞行中若一个或多个发动机失效，厨房用电自动关闭。

厨房用水由飞机增压系统供给。但遇到紧急情况时，该系统关闭。厨房的废水通过加热排水管排到飞机外部。

1.断路器

（1）用途　安装于厨房控制面板的跳开关，用于切断电源，如图 2-8 所示。

图 2-8　断路器

（2）操作

① 将黑色按钮开关拉出；

② 按下重新接通电源。

（3）注意事项　若断路器跳出，不允许重置，以防引起火灾或其他系统问题。客舱经理/乘务长应报告机长并填写客舱维修记录本。

2. 烤箱

（1）用途　只可用于加热食物。

（2）操作　选定时间、温度后启动。

（3）注意事项

① 在加温前确保烤箱内无任何纸片、纸制品以及干冰。

② 为防止起火，严禁在烤箱内存放任何服务用器、用具、报纸、餐盒及其他各类可燃物。

③ 起飞和着陆前烤箱必须断电。

3. 保温箱（如图2-9所示）

（1）用途　用于加温毛巾、瓷咖啡杯、瓷餐具等。

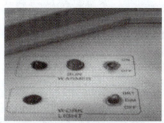
BUN WARMER保温箱电门

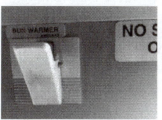
BUN WARMER保温箱名称

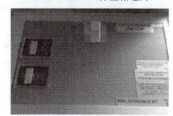
BUN WARMER保温箱外部

BUN WARMER保温箱内部

图2-9　保温箱

（2）操作　接通电源。

（3）注意事项

① 利用保温箱存放食物时，可能会引起食物变质，并使保温箱内充满异味；

② 严禁将任何塑料制品，如托盘、塑料杯等存入保温箱内；

③ 起飞、着陆前保温箱必须断电。

4. 冷风机

（1）用途　用于食品和饮料的冷藏。

（2）操作　接通电源。

（3）注意事项

① 用于冷藏保存各类乳制品、饮料、果汁、豆浆、白葡萄酒、蛋糕等；

② 严禁将食品、饮料与各种试剂、疫苗或其他生物化学类制剂、制成品一起冷藏存放；

③ 起飞、着陆前冷风机必须断电。

5. 烧水器

（1）用途　烧煮开水。

（2）操作

① 打开烧水器的水龙头，直到出现稳定水流；

② 关闭水龙头；

③ 接通电源，白色和黄色指示灯将会发亮，表明烧水器正在工作；

④ 黄色灯熄灭，白色灯保持亮，表明热水可用。

（3）注意事项

① 烧水器内的水为可饮用水，飞行中沸水水温一般为80℃左右；

② 出现断电警告时应立即关闭电源，检查水阀、水量、水压是否正常；

③ 起飞、着陆前关断电源。

6. 咖啡器（如图2-10所示）

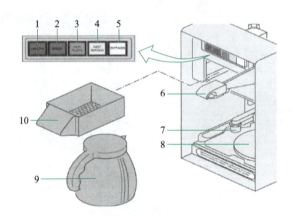

图 2-10　咖啡器

1—电源开关ON/OFF（红色）；2—煮咖啡开关BREW（绿色）；3—加温盘开关HOT PLATE（橙色）；4—热水放水开关HOT WATER（黄色）；5—补水开关BYPASS（白色）；6—咖啡盒及咖啡壶锁定手柄；7—热水出口；8—加温盘；9—咖啡壶；10—咖啡盒

（1）用途

烧煮开水、咖啡。

（2）操作

① 打开电源开关，指示灯亮；

② 提起锁定手柄，取出咖啡盒，放入袋装咖啡，放回咖啡盒；

③ 取下咖啡壶，确认壶内干净、无水后放回；

④ 压下锁定用柄；

⑤ 按"煮咖啡"开关，指示灯亮；

⑥ 指示灯熄灭后，咖啡即煮好；

⑦ 如水量不够，可按住补水开关至水量合适；

⑧如需保温，可打开加温盘开关，指示灯亮，加温盘会加热至80℃。

（3）注意事项

①咖啡器内的水为可饮用水，飞行中沸水水温一般为80℃左右；

②出现断电警告时应立即关闭电源，检查水阀、水量、水压是否正常；

③在沸水滴注时，若需取出盛水杯，应先关断电源；

④只在水杯内有水时，方可使用底盘保温方式；

⑤起飞、着陆前关断电源，倒空盛水杯内的水，并将盛水杯固定。

7. 烧水杯

（1）用途　烧煮开水。

（2）操作

①在水杯内加入水，插在电源插座上；

②旋转定时器，接通电源。

（3）注意事项

①只在水杯内有水时，方可通电；

②起飞、着陆前关断电源，倒空烧水杯内的水，并将水杯固定存放好。

8. 厨房水关断阀门

每个厨房均装有水关断阀门（如图2-11所示）。阀门置于关位时，厨房供水中断。

图2-11　厨房水关断阀门

9. 餐车

（1）用途　用于存放各类食品、饮料、用具、用品等。

（2）注意事项

①餐车不得用于存放各种试剂、疫苗或其他生物化学制剂、制成品；

②餐车按规定位置存放；

③起飞、着陆前，必须存放恰当（不超出规定限载重量），车门紧锁踩好刹车，并被锁扣固定；

④乘务员在使用餐车为旅客服务时，不得把刹车未锁定的餐车单独留在过道上。

五、供水/排水系统

1. 水箱

在飞机的后货舱的后面有一个大水箱，其内的水经过过滤后用压力泵压到厨房和洗手间内洗手盆使用。

2. 操作

①勿将茶叶包、冰块投入便池内；

②使用/清洁厕所后应放下便池盖板防止异物落入；

③各类包装饮料、酒类、乳制品、豆浆、果汁等可将盖拧死后投入非压缩型垃圾

车或存入餐车中；

④ 勿将含颗粒的果汁直接倒入厨房下水池中；

⑤ 使用污水桶时，应绝对避免混入拉环、瓶盖、毛巾等异物，污水可倒入便池中。

3. 注意事项

机上的厨房用水和厕所的洗脸池水经污水管通过安装在机身外的高温排水口排出；禁止将牛奶、奶油、含酸性液体（如橘子汁、苹果汁、醋等）的牛奶、咖啡渣、茶叶、剩余食物等倾倒到水池中，这些会导致污水排放系统堵塞。便池中的污水则会存入污水收集箱内。

六、盥洗室

1.洗手间设备

波音737和空客320型飞机上通常有三个洗手间（LAVATORY），两个在客舱后部端头，其中有一个是带婴儿板的洗手间，用于成人旅客为婴儿更换尿布使用；另一个在前端左侧。三个洗手间完全一样，每个都装有冲刷便池、洗手盆、热水、冷水，以及其他旅客需要的供应品。按下洗手间水柜上的按钮即可冲刷便池。不锈钢脸盆提供热、冷水。

洗手间内还提供纸巾、毛巾、洗手液、擦手纸、妇女用卫生巾、便池上座纸、呕吐袋和卫生纸。便池后的储藏箱还可提供其他洗手间供应品。废物箱供旅客丢弃纸巾等杂物。

每个盥洗室安装"客舱乘务员"呼叫电门、扬声器、"返回座位"灯、烟雾探测器、自动灭火装置以及氧气面罩。

洗手间照明设备为一个镜子反射的日光灯，由洗手间门栓开关控制，在空中飞行期间，进入卫生间后顶灯会亮，镜灯不亮；但是，当插好门闩后，镜灯自动亮起；在相应的客舱舱顶处"有人占用"标牌灯亮。

如果有人被反锁在卫生间内，乘务员可用尖锐物品从外部帮助打开。在洗手间门上有"LAVATORY"的金属板，扳开金属板，在里面有一个活动插销，可以通过移动该插销来锁闭或开启该门，如图2-12所示。

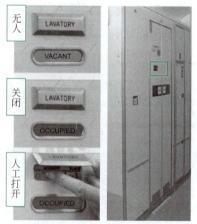

图2-12 盥洗室门插销

每个洗手间顶板内都装有一个烟雾探测器，当烟雾进入探测器时警告信号将传至客舱内话数据系统。烟雾探测器会自动发出响亮的警报声，红色的报警指示灯亮起，同时门外壁板右上方的琥珀色灯和乘务员服务舱舱顶的琥珀色灯也会亮起，乘务员要迅速去到亮灯的洗手间确认情况。烟雾探测器安装在洗手间的天花板上，在正常情况下，烟雾探测器的指示灯显示绿色，如图 2-13 所示。

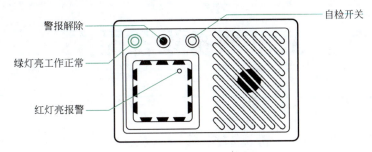

图 2-13　卫生间烟雾探测器

2. 洗手间非正常情况处理

（1）**供水选择活门**　位于洗漱盆下方的柜中，有四个位置。

① 供水 / 排水 (SUPPLY/DRAIN)。正常工作位。

② 龙头 (FAUCET)。活门在此位置时，水仅供水龙头而不供至马桶。

③ 抽水马桶 (TOILET)。活门在此位置时，水仅供至马桶而不供至水龙头。

④ 关闭 (SHUT OFF)。关闭用水。

（2）**洗手池水龙头无法关闭**　出现此种情况，则必须关闭洗手池供水，将位于洗手池下方柜中的供水选择活门旋至"马桶"或"关闭"位。

（3）**抽水马桶溢流**　如果在冲水后发现冲水活门卡在开位导致马桶溢流，应立即重新冲洗马桶以抽空马桶内多余的水。如水仍不断，则应切断马桶供水，将供水选择活门旋至"龙头"或"关闭"位。

（4）**马桶冲水活门无法复位**　冲水活门卡在开位会引起持续的大的气流声或类似吸吮的噪声。盖住马桶盖并拉位于马桶底座外侧的人工关断手柄，即可关闭冲水活门，停止噪声。

（5）**门锁失效**　用硬币或类似适用的小工具把手柄上的螺钉拆下，并保留；取下门锁手柄；将螺钉轴从门锁手柄上推出；从门上拆下装锁板，这时就可以开门了。

（6）**折叠门外部拆卸**　先开锁，然后拧松铰链处和门右上角的活动插销定位螺杆（拧松螺杆时不要超过 1～2 圈。）按照右图箭头所指方向，取出插销→向内折叠门板（如盥洗室内没有堵塞物）或门整体倾斜向内推向盥洗室（盥洗室内有物件堵塞使门无法向内折叠），如图 2-14 所示。

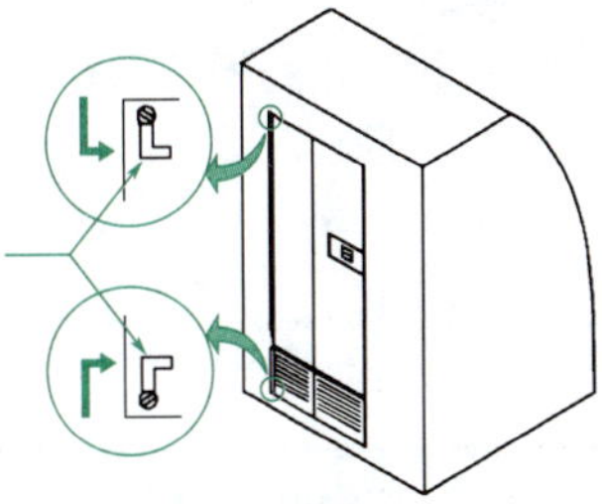

图 2-14　折叠门外部拆卸

第二章　客舱设备操作　　023

第二节 A320服务设备操作

一、A320 型飞机概况

A320 飞机机高 11.76 米，机长 37.57 米，机宽 34.10 米，是一种中短型、单通道、亚音速运输飞机，装有两台涡轮发动机。机身横切面为圆形，除机头、机尾、起落架舱及空调舱外，全部为增压舱。驾驶舱采用双人制机组布局，另设两名观察员位置。

1. A320描述

A320 的描述如表 2-1 所示。

表2-1 A320描述

飞机制造商	欧洲空中客车工业公司
最大巡航高度	12 000 米
巡航速度	840 千米/时
客座数	158（F8/Y150）

2. A320客舱布局

A320 的客舱布局如图 2-15 和表 2-2 所示。

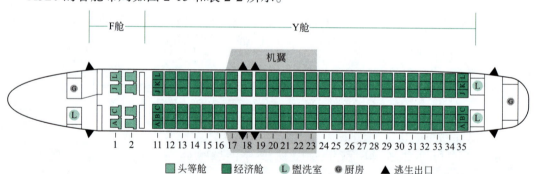

图 2-15 A320 客舱布局

表2-2 A320客舱布局

舱位布局	舱位等级	座位数量/个	座位排号
F 舱	头等舱	8 个	1～2
Y 舱	经济舱	150 个	11～35
总计		158 个	

F8/Y150　　　　　　　　　　客舱总座位数：158
乘务员定员：5 人　　　　　　应急出口座位：18ABC JKL 19ABC JKL

二、A320 型飞机出口

A320-200 机型一共有 10 个出口，客舱有 8 个出口。驾驶舱两侧窗可作为应急出口，并且驾驶舱顶上两侧各存放有一条逃生绳。在每个登机/服务门的门框处安装有黄黑相间的舱门阻拦绳，当门在打开状态时，门外廊桥客梯、服务车没有停靠或没有停稳时，舱门阻拦绳应横挂在门框上的锁扣内。

1. 机门

机门（如图 2-16 所示）分别由舱门锁定指示器、操作舱门手柄、辅助手柄、分离器组件、安全销存放插孔、观察窗、阵风锁、警示带、舱门支撑臂、滑梯包和滑梯压力表组成。

图 2-16　A320 机门

① 4 扇"Ⅰ"型门的分布：1L，1R，2L，2R；装备撤离滑梯，可作为救生船用于水上撤离。

② 双通道滑梯/救生筏分别位于每个机门处。

③ 滑梯/救生筏载客量正常为 44 人，最大为 55 人。

④ 一般左侧用于旅客登机/离机，右侧用于地面服务。从里侧或外侧都可以打开或关闭。

2. 翼上应急出口

4 个翼上应急出口（"Ⅲ"型门）位于机翼两侧（每侧两个），每侧设有一个双通道滑梯，此滑梯无救生船功能。

3. 驾驶舱出口

驾驶舱两边窗口可作为应急出口。

三、舱门警告系统

每个舱门都有一个带遮光板的观察窗，紧靠观察窗有两个指示灯(如图 2-17 所示)。

1. 白色指示灯

滑梯预位警告指示灯 (SLIDE ARMED WARNING INDICATOR)(如图 2-17)，白色灯亮起及时终止或避免滑梯展开。当舱门滑梯在预位状态，舱门操纵手柄正在向上移动，进一步向上开启到最大位时滑梯展开 (不可逆转挽回)。

2. 红色指示灯

客舱压力警告指示灯 (CABIN PRESSURE WARNING INDICATOR)，红色灯闪烁显然是出现不正常情况。当发动机已被全部关停，且舱门的滑梯分离器已放在解除预位状态，若客舱压差大于 2.5 毫巴 250 帕斯卡时，红灯闪烁。注意：当客舱里警告灯闪亮时，不能开门，应立即报告驾驶舱。这两个灯的状态也可以从外侧透过观察窗看到。

图 2-17　舱门警告系统

四、舱门预位系统

舱门预位系统如图 2-18 所示。

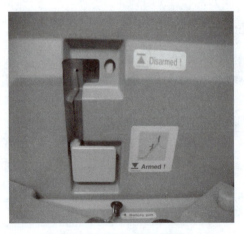

图 2-18　舱门预位系统

1. 舱门预位

① 拔出带有红色警示带的安全销；
② 将预位手柄由"DISARMED"位置压下至"ARMED"位置；
③ 将带有红色警示带的安全销插入阵风锁旁边的小孔里，并将警示带收好；
④ 检查确认门右下方的橙色圆点与箭头对齐（在一条直线上），如图 2-19（1）所示。

2. 舱门解除预位

① 从阵风锁旁边的小孔里拔出带有红色警示带的安全销；
② 将预位手柄由"ARMED"位置抬起至"DISARMED"位置；
③ 将带有红色警示带的安全销插入预位手柄旁的小孔内；
④ 确认门右下方的橙色圆点与箭头错开(不在一条直线上)，如图 2-19（2）所示。

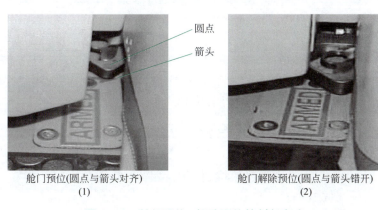

舱门预位(圆点与箭头对齐)　　舱门解除预位(圆点与箭头错开)
(1)　　　　　　　　　　　　(2)

图 2-19　舱门预位 / 解除预位的判断方法

五、舱门正常操作

1. 打开舱门（从内部）

① 确认预位手柄在"DISARMED"位置，带有红色警示带的安全销已插入预位手柄旁的小孔内；
② 检查地板下方箭头与圆点分离；
③ 确认红色客舱压力警告指示灯不闪烁；
④ 确认外面情况正常；
⑤ 一手抓住舱门辅助手柄，一手轻抬舱门操作手柄时，确认滑梯预位警告指示灯不亮；
⑥ 将舱门操作手柄抬至全开位，将门向外向前推至全开，直到阵风锁锁上，如图 2-20 所示。

A320 舱门开启

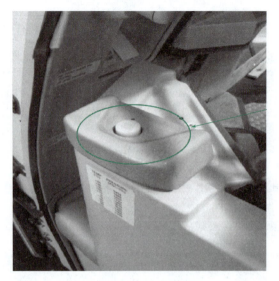

图 2-20　A320 阵风锁

2. 关闭舱门（从内部）

① 压下按钮，松开阵风锁；
② 一手抓住门上辅助手柄，一手将门向内拉；
③ 压下舱门操作手柄，检查门锁指示为 LOCKED，门关好。

3. 打开舱门（从外部）（如图2-21所示）

① 通过观察窗，确认客舱压力警告指示灯不闪烁；
② 按压（PUSH HERE）手柄释放按钮，提起手柄；
③ 按箭头方向提起手柄；
④ 将门向外再向前拉至全开位，直至阵风锁锁上。

A320 舱门关闭

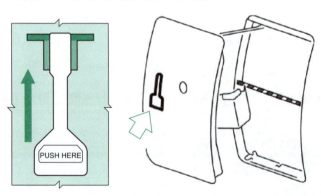

图 2-21　A320 从外部打开舱门

4. 关闭舱门（从外部）(如图2-22所示)

① 压下按钮，松开阵风锁；
② 把舱门拉至门框，向客舱内推；
③ 压下门外操作手柄，与机身平齐，确认门关上。

图 2-22　A320 从外部关闭舱门

六、翼上出口操作

A320 飞机客舱机翼上各有 2 个出口。翼上出口滑梯总是处在预位状态。打开翼上出口，先将手柄上的盖板拉掉，出口之间壁板上的预位灯亮。拉开任何一个出口，同侧的双滑道滑梯将自动充气展开，拉动窗框上的人工充气手柄，滑梯在 5 秒钟内充气完毕。水上迫降时，取出存放在翼上出口上方行李架处的逃生绳，扣挂在窗框和机翼上的挂环上。

打开应急窗——使滑梯展开，如图 2-23 所示。

（1）拿下手柄盒盖①，手柄灯②和滑梯待命指示灯③亮出；
（2）操纵手柄④并向下拉应急窗；
（3）托住把手把应急窗⑤从框上拿下；
（4）把应急窗扔到机舱外⑥；
（5）滑梯自动充气，否则拉窗框内的人工充气把手。

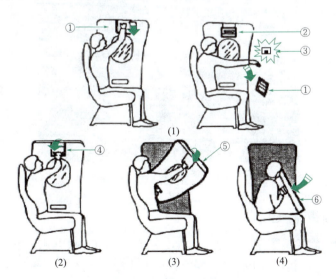

图 2-23　翼上出口操作

①—手柄盒盖；②—手柄灯；③—待命指示灯；④—手柄；⑤—应急窗；⑥—机舱外

七、救生筏

根据《大型飞机公共航空运输承运人运行合格审定规则》第 121.339 条"跨水运行的飞机的应急设备"要求，配备圆形/椭圆形/六角形救生筏，折叠后装入带有搬运手柄的包装袋内，载客量为 152 人的 A320 飞机不配备救生筏，载客量为 166 人的 A320 飞机配备救生筏，正常载客量为 12 人，超载 18 人。

八、供氧系统

飞机设有两套完全独立的氧气系统，一套供驾驶舱机组使用，另一套供乘务员和旅客使用，每个驾驶舱机组成员都有单独的面罩和调节器。A320 的旅客供氧构型有 15 分钟化学氧气发生器，22 分钟化学氧气发生器，6 个 105 立方英尺氧气瓶的三种构型。执行特殊航线任务飞机的客舱氧气由机载氧气瓶提供，供氧时间比基本型时间长。

九、通信/呼叫系统

1. 乘务员指示面板（AIP）

每个乘务员工作区附近都装有一个乘务员指示面板（如图 2-24 所示）。其特点如下。

① 两行各 16 个字母数字的显示。上行显示通知信息，如内话通话；下行显示客舱系统信息，显示驾驶舱、乘务员、乘客、卫生间呼叫及内话机使用的状态。图 2-24 显示为 9 排左侧的乘客呼叫。

② 显示灯，用于引起注意。绿色表示通话信息；红色表明系统及紧急信息。

图 2-24 乘务员指示面板（AIP）

2. 区域呼叫面板（ACP）

区域呼叫面板安装在客舱顶板上（如图 2-25 所示）。ACP 有四种颜色区：琥珀色、两个粉色及蓝色。各区可以从以下位置的灯亮引起乘务员注意。

① 洗手间呼叫（琥珀色区稳定亮），洗手间烟雾（琥珀色区闪亮）。

② 机组呼叫（粉色区稳定亮或闪亮）。

③ 旅客呼叫（蓝色区稳定亮）。

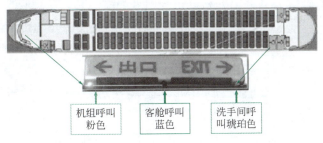

图 2-25　区域呼叫面板（ACP）

3. 客舱广播

客舱广播分为公务舱和经济舱两个区域。可对单独一个区进行广播，也可对整个客舱进行广播。从固定架上取下手机，可选择按下 PA ALL、PA FWD、PA AFT 键，再按压 Push To Talk（PTT）键，对着麦克风广播即可，松开 PTT 键广播停止。每次广播时，扬声器都会发出提示谐音，按下手机复位键或将手机放回固定架上，系统复位（如图 2-26 所示）。广播优先次序如下：驾驶舱→前乘务员区域→后乘务员区域→预录广播→录像声音（如适用）→登机音乐。

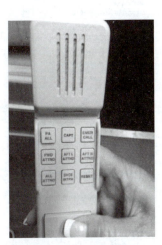

图 2-26　客舱广播

4. 客舱内话（机组呼叫）

乘务员可以通过手机上的呼叫按钮，选择所需的通话区域。

（1）乘务员呼叫乘务员　按下 FWD ATTEND 呼叫前舱乘务员；按下 AFT L ATTEND 呼叫左后舱乘务员；按下 AFT R ATTEND 呼叫右后舱乘务员；按下 ALL ATTEND 呼叫全体乘务员；按下 SVCE INTPH 呼叫地面维护人员，所选的区域的粉红色呼叫灯亮并响起两声高低谐音，通话时不要按住送话键；按下 RESET 键，重置系统；挂好话筒，切断内话系统。

如果所选区域手机没放回固定架上或正在使用，在 Attendant Indication Panel (AIP) 上会显示"BUSY"，还可听到忙音。当被呼叫区域的手机取下时，呼叫灯熄灭，按下手机复位键或将手机放回固定架上，系统复位。

（2）乘务员呼叫驾驶舱　按下手机上的 CAPT 键，驾驶舱响起蜂鸣声谐音，驾驶舱顶部面板灯闪亮，所在的 AIP 上显示"CAPTAIN"信息。

（3）驾驶舱呼叫乘务员　在驾驶舱按下 FWD 或 AFT，所对应的乘务员区域响起两声谐音，被呼叫区域面板 ACP 上粉红色呼叫灯亮，在 AIP 上绿灯亮并显示"CAPTAIN CALL"，取下手机时，指示灯灭，按下手机复位键或将手机放回固定架上，系统复位。

（4）应急呼叫（客舱）　按下客舱任一通信手机上 EMER CALL 键，客舱内扬声器响起三声谐音，所有乘务员区域的 ACP 上的粉红色呼叫灯连续闪亮，驾驶舱也会响起三次蜂鸣声，头顶面板"EMER CALL"指示灯闪亮。

（5）应急呼叫（驾驶舱） 按下头顶面板 EMER CALL 键，客舱内扬声器响起三声谐音，所有乘务员区域的 ACP 上的粉红色呼叫灯连续闪亮，AIP 上的红灯闪亮，并显示"EMERGENCY CALL"，从固定架上取下通信手机，可使闪亮的指示灯熄灭。

（6）旅客座位和洗手间的呼叫 旅客可以通过旅客服务组件（PSU）上的呼叫按钮，以及洗手间内的呼叫按钮呼叫乘务员。

旅客座位呼叫分为 1 区（公务舱）和 2 区（经济舱）呼叫。呼叫乘务员时，座位排号指示灯亮，在相应区域 ACP 上蓝色的呼叫灯亮，AIP 上会显示呼叫排号，客舱内响起一声谐音。复位时，在原呼叫按钮上再按一下，座位排号指示灯灭，当区域内所有已按动的呼叫按钮复位后，ACP 上蓝色呼叫灯熄灭，系统复位。

当按下洗手间呼叫按钮时，呼叫按钮灯亮，该洗手间门外琥珀色的呼叫灯也亮，在相应的 ACP 上琥珀色的呼叫灯亮，客舱扬声器响起一声谐音。复位时，在原呼叫洗手间里的呼叫按钮按压一下，门外琥珀色呼叫灯灭，当区域内所有已按动的洗手间呼叫复位后，ACP 上琥珀色呼叫灯熄灭，系统复位。

十、乘务员控制面板（液晶屏显示）

空客 320 型飞机上的控制面板共有 2 块，可为乘客提供多种服务，能检测各种系统。

1. 前乘务员控制面板（FAP）

前乘务员控制面板位于 L1 门乘务员座席上方壁板处，由音频系统（AUDIO）、灯光系统（LIGHTS）、客舱门及滑梯预位显示系统（DOORS/SLIDES）、客舱温度控制系统（TEMPERATURE）、清水/污水显示系统（WATER/WASTE）五个部分组成，如图 2-27 所示。

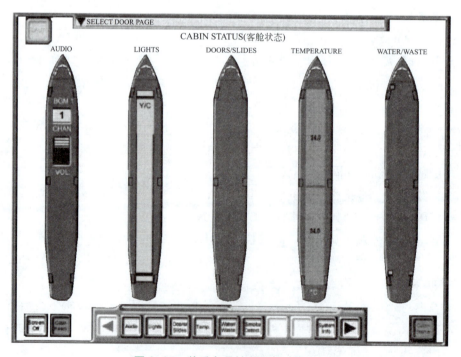

图 2-27 前乘务员控制面板（FAP）

（1）音频系统　CHAN 表示频道；条形显示 VOL 表示音量。中间方块面板 (BGM1) 上，ON/OFF 是登机音乐开关；VOL 可以调节音量，"+"表示增大，"-"表示减小；CHAN 用于选择频道，"+"表示上调，"-"表示下调。预录广播操作显示屏：ON ANNOUNCE 显示正在广播；MEMO 表示记忆项目编号；点击"Enter"，输入至左侧记忆项目（可输入多个项目编号）；点击"Play All"全部播放，或"Play Next"逐一播放；播放完毕后，清除所有记忆项目编号。

（2）灯光系统

① 前乘务员控制面板灯光系统操作。Main On/Off (总开关) 可同时打开或关闭通道灯、窗灯、入口灯及厕所灯，打开时按键显示为绿色，关闭时为灰色。

AISLE: 客舱通道灯 (客舱顶灯) 开关，可打开或关闭客舱通道灯。

WDO: 客舱窗灯开关，可打开或关闭客舱窗灯。

R/L Set: 阅读灯打开开关，可将阅读灯全部打开，方便机务人员或乘务员检查。

R/L Reset: 阅读灯关闭开关，可将阅读灯全部关闭。

FWD: 前入口灯开关，控制 L1 及 R1 门之间顶灯 (入口灯)，分为 BRT (100% 亮度)、DIMI1 (50% 亮度)、DIM2 (10% 亮度)。

Y/C: 客舱通道灯及窗灯开关。

AFT: 后入口灯开关。

以上所有灯光按键为暗黄色，打开后呈绿色按键，点击任一绿色按键，将使灯光亮度调至"0"，即关闭；正常情况下，灯光亮度应逐级调控。

② 后乘务员控制面板灯光系统操作。ENTRY 表示后入口灯，分为 BRT (100% 亮度)、DIM1 (50% 亮度)、DIM2 (10% 亮度) 三档。点击当前绿色亮度等级键，即可将入口灯关闭。

CABIN 表示经济舱客舱灯，分为 BRT (100% 亮度)、DIM1 (50% 亮度)、DIM2(10% 亮度)。点击当前绿色亮度等级键，即可将打开的客舱灯关闭。

EVEC RESET (紧急情况自动报警解除键)。

EVEC (紧急情况自动报警键)。

SMOKE RESET (烟雾报警解除键)。

（3）客舱门及滑梯预位显示系统　客舱门及滑梯预位显示系统有三种颜色：红色表示客舱门处于打开或未关好状态；黄色表示客舱门已正确关闭，滑梯在解除预位状态；绿色表示客舱门已正确关闭，滑梯在预位状态。

（4）客舱温度控制系统

① AREA SELECT 是区域选择键；FWD 是前部区域（客舱前半部分）选择键；AFT 是后部区域（客舱后半部分）选择键；RESET 表示恢复至驾驶舱设定的温度（全区域）。

② 客舱温度控制系统操作（以前部区域为例）。点击"FWD"，按键变为绿色，左侧显示调节页面；点击"+ -"提高或降低温度，每点击一次温度提高或降低 0.5℃。"SELECTED TEMPERATURE"为目标温度；温度计右侧绿色箭头指示目标温度；温度计右侧浅色区域为温度调节范围——± 2.5℃。

(5) 清水/污水显示系统

① WASTE QUANTITY。表示污水量，左侧刻度显示污水箱水量，用百分比显示，起飞前应在"0"位。

② WATER QUANTITY。表示清水量，左侧刻度显示清水（饮用及洗手水）量，用百分比显示，起飞前应在"100%"位。

③ 水箱。水箱位于飞机的货舱后部，容积为200升。

④ 水表。水表位于L1门FAP上。

⑤ 水循环。通过水泵把水从水箱输送到各用水设备，包括厨房、卫生间洗手盆及马桶；厨房和卫生间洗手盆废水经过滤、净化后，通过飞机腹部两根可以加热的金属排水杆排出机外。

⑥ 马桶水。马桶水有单独的污水箱，马桶水在地面排放到专用的污水车。

2. 后乘务员控制面板（AAP）

后乘务员控制面板位于L2门壁板处，由灯光系统和辅助指示面板（来电显示）组成，如图2-28所示。

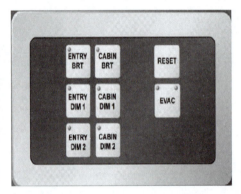

图2-28　后乘务员控制面板（AAP）

设在左2号门区，乘务员座位附近，包括：后入口灯开关、撤离信号指示灯、撤离音频信号复位键。后乘务员控制面板仅用于控制相关客舱与入口。

（1）EVAC 撤离警告指示键；

（2）RESET 取消相关客舱各类警告；

（3）AFT BRT-DIM1-DIM2 调节客舱灯光亮度。

十一、乘务员控制面板（触摸按键）

1. 前乘务员控制面板（FAP）

设在左1号门区，乘务员座位上方，包括：客舱顶灯、窗灯、前后登机入口灯、娱乐系统、乘务员工作灯、洗手间灯的电源开关、应急灯开关、水及废水量检查、登机音乐等，如图2-29所示。

（1）灯光面板

① MAIN ON/OFF 总开关；② WDO 侧窗灯；③ CLG 顶灯；④ CABIN FWD 前舱灯光且 100% 亮度；⑤ CABIN AFT 后舱灯光且 100% 亮度；⑥ DIM 1，50% 亮度；⑦ DIM 2，10% 亮度；⑧ ENTRY FWD 前入口灯；⑨ ENTRY AFT 后入口灯；⑩ LAV 厕所灯光；⑪ ATTN 乘务员工作灯；⑫ READ 旅客阅读灯。

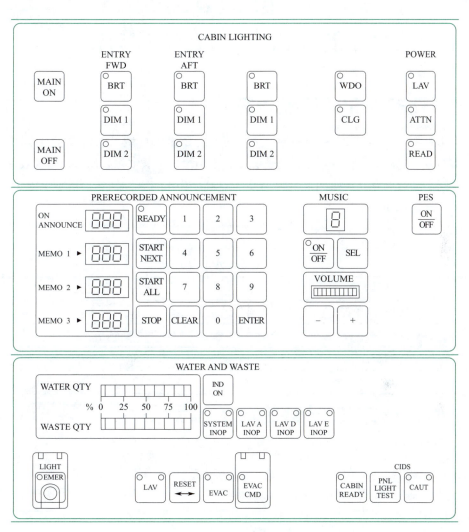

图 2-29　前乘务员控制面板（FAP）

（2）音频面板

① MUSIC 登机音乐；② ON/OFF 开关；③ SEL 选频；④ +、- 音量调节；⑤ 0～9 数字键；⑥ ENTER 输入；⑦ CLEAR 清除；⑧ START ALL 播放全部预设的广播；⑨ START NEXT 逐条播放预设的广播；⑩ STOP 停止播放；⑪ MEMO1～3 预设广播的播放顺序；⑫ PES ON/OFF 旅客座位音响系统开关。

（3）杂项面板

① EMER 人工接通应急灯光；② SMOKE LAV 任一厕所烟雾警告；③ EVAC CMD

撤离指令键(按下,发出撤离指令);④ EVAC 撤离警告指示键;⑤ RESET 按下,取消相关客舱各类警告;⑥ CIDS CAUT,CIDS 客舱内部数据系统或相关系统故障提示灯;⑦ PNL LIGHT TEST 液晶屏及前乘务员控制面板按键测试键。

第三节 B737-800服务设备操作

一、B737-800型飞机概况

B737-800 型飞机是 B737 系列中的一员,新一代 B737-800 型飞机是 B737 系列飞机的改进型。B737-800 机翼的设计采用新的先进技术,不但增加了载油量,而且提高了效率,有利于延长航程。B737-800 型飞机的长度为 39.5 米,高度为 12.5 米,飞机客舱宽度为 3.53 米。

1. B737-800描述

B737-800 相关数据如表 2-3 所示。

表2-3　B737-800相关数据

飞机制造商	美国波音公司
最大巡航高度	12500 米
最大巡航航程	5365 千米
最大巡航速度	800 千米/时
客座数	170(B8/Y162) 或 167(F8/Y159)

2. B737-800客舱布局（如图2-30和表2-4所示）

波音 B737-800（167 个座位）头等舱:1 ～ 2 排;8 个座位;经济舱:11 ～ 37 排;159 座位。

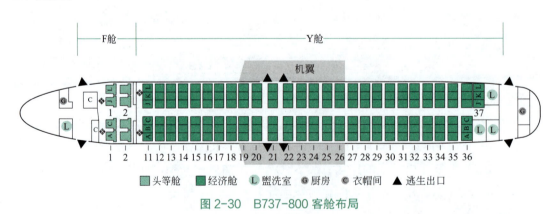

图 2-30　B737-800 客舱布局

表2-4　B737-800客舱布局

舱位布局	舱位等级	座位数量/个	座位排号
F舱	头等舱	8	1～2
Y舱	经济舱	159	11～37
	总计	167	

F8/Y159　　　　　　　　　　　乘务员定员：5人
客舱总座位数：167　　　　　　应急出口座位：21ABC JKL 22ABC JKL

二、B737-800型飞机出口

B737-800机型一共有10个出口，客舱有8个出口，驾驶舱两侧窗可作为应急出口，并且驾驶舱顶上两侧各存放有一条逃生绳。

注意：水上迫降时，后服务门在通常情况下，门槛低于水面。因此，不能打开作为撤离出口。

1. 舱门

B737-800型飞机的舱门是由滑梯红色预位警示带、玻璃窗、舱门手柄、滑梯压力指示表、滑梯包、滑梯杆、滑梯挂钩、地板支架、舱门辅助手柄、阵风锁、黄色警示带等组成，如图2-31所示。

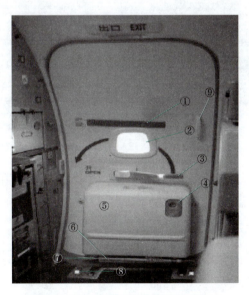

图2-31　B737-800型飞机舱门

①预位警示带（红色）；②玻璃窗；③舱门手柄；④滑梯压力指示表；⑤滑梯包；⑥滑梯杆；⑦滑梯挂钩；⑧地板支架；⑨舱门辅助手柄

（1）预位警示带（红色）　用于提示滑梯杆与地板支架是否连接，滑梯杆与地板支架相连时红色预位警示带应斜挂于舱门观察窗处。

（2）玻璃窗　又称观察窗，用于观察飞机外部情况时使用。
（3）舱门手柄　开关门时的开关手柄。
（4）滑梯压力指示表　正常状况下其压力指针应指向绿色区域。
（5）滑梯包　应急滑梯的存放处。
（6）滑梯杆　紧急撤离时与地板支架连接，开门后可将滑梯释放并充气。
（7）滑梯挂钩　解除预位时，用于存放滑梯杆。
（8）地板支架　与地板连接，舱门预位时，滑梯杆扣入支架内。
（9）舱门辅助手柄　辅助开、关门。
（10）阵风锁　当机门开时，起到固定机门的作用，如图 2-32 所示。
（11）黄色警示带（如图 2-33 所示）　当客梯车或其他外接设备尚未完全与飞机对接时，黄色警示带起到为工作人员和旅客提供安全警示的作用。要注意在关门前一定要确认黄色警示带收起在固定位置，切不可将其关在舱门外。

图 2-32　B737-800 阵风锁

图 2-33　黄色警示带

4 扇门的分布：1L；1R；2L；2R；单通道滑梯分别位于每个机门处。

2. 翼上应急出口

4 个翼上应急出口位于机翼两侧，每侧两个。

3. 驾驶舱出口

驾驶舱两边窗口可作为应急出口。

三、舱门预位系统

1. 滑梯预位

① 将滑梯预位警示带斜扣在舱门观察窗前，如图 2-34 所示；
② 将滑梯杆从舱门挂钩上取下；

B737-800 舱门预位

③ 将滑梯杆扣在地板支架内，如图 2-35 所示。

2. 滑梯解除预位

① 将滑梯杆从地板支架上取下；
② 将滑梯杆挂在舱门挂钩上；
③ 将滑梯预位警示带平扣在舱门观察窗上。

B737-800 舱门解除预位

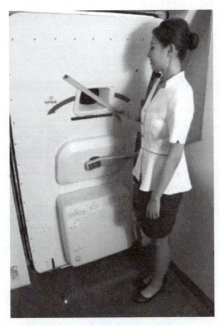

图 2-34　B737-800 滑梯预位操作（1）

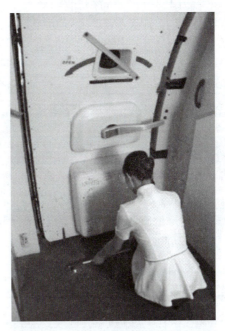

图 2-35　B737-800 滑梯预位操作（2）

四、舱门正常操作

1. 打开舱门（从内部）

① 确认舱门已解除预位（滑梯杆在舱门挂钩上）；
② 确认舱门外无任何障碍物；
③ 按门上箭头方向逆时针转动舱门手柄 180°；
④ 将门推动打开到与机身平行位置时，门被阵风锁锁住，门即开好。

2. 关闭舱门（从内部）

① 将黄色警示带收回扣好；
② 确认舱门内外无障碍物；
③ 向下按阵风锁（如图 2-36 所示），待舱门拉动后再松开；
④ 握住机门辅助手柄，将机门拉至舱内；
⑤ 将舱门手柄顺时针旋转 180° 至水平位，将机门关好；
⑥ 检查机门密封性；检查有无夹住物体。

3. 打开舱门（从外部）（如图2-37所示）

① 确认舱门外无障碍物；
② 从观察窗处确认滑梯预位警示带没有斜挂于观察窗前；
③ 向外拉出外部控制手柄；
④ 将手柄沿"OPEN"方向旋转180°；
⑤ 将舱门向机头方向拉到全开位，直至被阵风锁锁住。

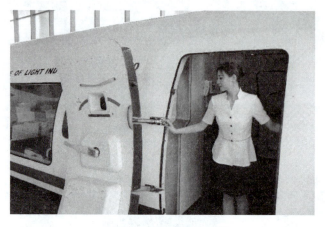

图 2-36　向下按阵风锁

图 2-37　从外部打开舱门

4. 关闭舱门（从外部）

① 将黄色警示带收回；
② 确认舱门内、外无障碍物；
③ 按下阵风锁，并保持，待舱门拉动后再放开；
④ 将舱门推回至舱内；
⑤ 将舱门外部控制手柄拉出反方向旋转180°，将舱门关好，将手柄复位至与舱门平齐；
⑥ 检查舱门密封性，检查有无夹住物体。

五、翼上出口操作

B737-800有4个Ⅲ型翼上应急出口。该出口为机械锁固定的拱形门。使用出口门上方的弹簧锁定手柄可从舱内或舱外使其开启。出于安全考虑，该舱门会自动保持锁定，并在手柄上安装有保护盖板，以防止在飞行中打开。

注意：飞行中进行紧急撤离准备时，禁止开启任何舱门。发动机完全停止工作后，应急出口才能打开。在每个翼上出口的舱门结构上方均设有防滑绳。在抛出防滑绳之前必须首先打开应急出口。防滑绳的一端连接于舱门，剩余部分存放于延伸至客舱顶部的管道内。使用时，应将其从存放处取出，然后连接于机翼上表面扣环。水上迫降时，防滑绳可用作乘客在翼上行走并爬至救生筏的扶手。

翼上出口操作方法：

1. 外部打开翼上出口

① 按压推板；

② 舱门自动向外上方打开。

2. 内部打开翼上出口（图2-38）

① 确认飞机完全停稳；

② 观察外部无烟、无火、无障碍；

③ 水上迫降判断门槛高于水面；

④ 抓住辅助把手，向下拉开启把手，门向外开启并向上弹起；

⑤ 水上迫降使用存放在出口框的防滑绳，拉出绳扣在机翼上的黄色挂环上；

⑥ 引导旅客从机尾方向撤离飞机。

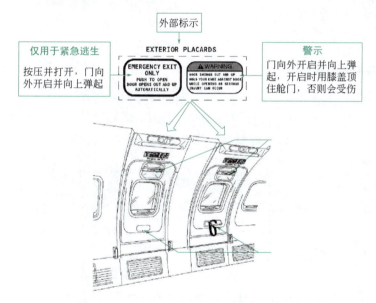

图 2-38　B737-800 内部打开翼上出口操作

六、紧急救生滑梯

每个飞机/服务门内都装有一个单滑道的滑梯，当滑梯连杆固定在地板卡槽时（滑梯预位状态），打开舱门用力向外推，滑梯落下并开始自动充气，充气完毕约需 5 秒钟；如自动充气失效，可拉动门槛右侧标有"PULL"字样的人工充气手柄使滑梯充气。

发生紧急情况，需迅速撤离飞机时，应启动和使用紧急救生滑梯。该滑梯是可充气的尼龙装置，存放在前、后登机门和厨房服务门的底部内侧。

紧急救生滑梯装有一个滑梯杆，滑行前，将滑梯杆加固在飞机地板支架上。在整个飞行过程中，滑梯杆位置不动。当门被打开时，围板条的张力使滑梯存放箱锁门分开，滑梯包即打开，这时，滑梯就从门的开口处向机外展开。

万一滑梯被刺穿,在其展开时跑气,而且又无别的滑梯和翼上出口使用,这时该跑气滑梯仍可作为平板滑梯。要完成这个操作,需要提前有4个人利用这个滑梯先行到达地面,然后使用滑梯底部的把手将滑梯拉紧,其余的旅客可以利用该滑梯逐人滑下并撤离。

水上迫降时,滑梯不是救生船,但可以作为漂浮工具。滑梯与飞机分离后,落水人员可以拉住边沿把手漂浮于水中,一旦在水上的迫降滑梯展开后堵塞出口,应迅速拉动分离手柄(Handle),使滑梯与飞机分离。

七、登机梯

前登机梯是提供给旅客上下飞机的设备,由飞机自备,采用电动操纵,从飞机内部或外部都可以对其进行控制,不需要依赖机场的地面设施。登机梯存放在前登机门下面的隔舱里。该隔舱有一个压力门,此门在登机梯启动前就自动打开。为了旅客的安全,登机梯两边的扶手固定在登机门里面的支架上。

登机梯的控制可分为内部控制和外部控制两种操作方法。

1. 内部控制

内部控制板位于前登机门的上方。当登机梯移动时,控制板上的一盏琥珀色"梯子工作"灯就亮。登机梯梯级上的梯级灯由一个三挡的梯级灯电门控制。电门在"自动"位时,登机梯一接触地面,梯级灯就亮。当登机灯收回时,梯级灯就熄灭。

内部控制板有两个工作方式:"正常"和"备用"。万一正常工作方式失效,备用系统就提供备用电控制装置。两种工作方式都需要115 V交流电,两个登机梯控制电门都有三个位置:放下、收回及中间状。备用控制电门有一弹性保护装置,以防止无意中的操作。

前登机梯内部控制操作方法如下。

(1)放下 等飞机完全停稳后再打开机门,确认地面无障碍物后,将收放开关扳到"放下"位,此时登机梯工作指示灯亮,登机梯自动伸出、放下并支好。等工作指示灯灭后,松开开关,将两个伸缩手扶杆从固定手扶杆上取下,插在固定锁上。

(2)收回 将两个伸缩手扶杆取下,插回到固定手扶杆上,确认登机梯上无任何物体后,将收放开关扳到"收回"位,工作指示灯亮,登机梯收回,待工作指示灯灭后松开开关。

2. 外部控制

前登机梯外部控制板位于登机门的右下方,登机梯操作说明位于手柄周围。外部控制一般由地面人员使用。

前登机梯外部控制操作方法如下。

(1)放下 先将手柄拉出,按下手柄中央的按钮,再将手柄松开,然后按顺时针方向转手柄,登机梯便伸开了。

(2)收回 先将手柄从隐蔽处移出来,收进客梯上的扶手,按逆时针方向转动手柄到"收回"位置,客梯就收回了。

八、供氧系统

飞机设有两套完全独立的氧气系统,一套供驾驶舱机组使用,另一套供乘务员和旅客使用,每个驾驶舱机组成员都有单独的面罩和调节器。

九、通信/呼叫系统

通信/呼叫系统分为:内话机、广播器和呼叫显示系统。

1. B737-800内话机及广播器(图2-39)

图2-39　B737-800 内话机及广播器

(1)使用方法

① 呼叫驾驶舱按2键,开始通话。

② 呼叫前、后舱按5键,开始通话。

③ 对客舱广播按8键,按住PTT键开始广播(PTT键:PUSH TO TALK 键),松开PTT键通话结束。

④ 使用完毕按下RESET键复位。

(2)注意事项

① 每次通知或广播完毕,都必须按RESET键。

② 内话机处于正常状态时,驾驶舱可随时听到通话声音。起飞后3分钟,落地前8分钟非极特殊情况(含非安全事件)禁止向驾驶舱打电话。

③ 机组、乘务员、机上音乐三者的优先权为:机组优先于乘务员广播,乘务员广播优先于机上音乐。

④ 广播时嘴与广播器的距离要适中。广播中需要停顿时,必须松开送话键。

⑤ 广播时不可吹或拍广播器。

⑥广播时，旁边人员需保持安静，防止广播器中传出异常声音。

2. 呼叫显示系统（图2-40）

图2-40　B737-800呼叫显示系统

（1）呼叫显示灯的位置　呼叫显示灯在前后入口走廊顶棚上方的紧急出口指示灯上。

（2）各呼叫显示灯的颜色、铃声、解除方法

①机组呼叫乘务员时，粉色灯亮，双音铃声，按控制板上的RESET(复位)按钮即可解除。

②乘务员之间呼叫时，粉色灯亮，双音铃声，按控制板上的RESET(复位)按钮即可解除。

③乘务员呼叫机组时，客舱内的显示灯不亮，驾驶舱内有蓝灯闪烁并有单音铃声。

④旅客呼叫乘务员时，蓝色灯亮，单高音铃声，按一下该呼叫旅客座椅上方亮起的呼唤铃按钮即可解除。

⑤旅客在卫生间呼叫乘务员时，琥珀色灯亮，单高音铃声，解除时按一下卫生间外壁板上的琥珀色指示灯或在原位按压解除即可。

十、乘务员控制面板

1. 前舱乘务员控制面板（L1门乘务员座椅处）（图2-41）

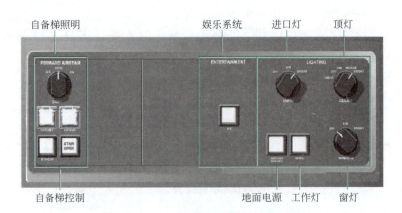

图2-41　前舱乘务员控制面板

①进口灯（ENTRY LIGHT）开关。有三个挡位可供调节，分别为：BRIGHT、DIM、OFF。

② 工作灯（WORK LIGHT）开关。
③ 地面电源开关，由地面机务人员使用，乘务员需确认其在"OFF"位。
④ 窗灯（WINDOWS LIGHT）开关。
⑤ 自备梯操作开关。

2. 后舱乘务员控制面板（L2门乘务员座椅处）（图2-42）

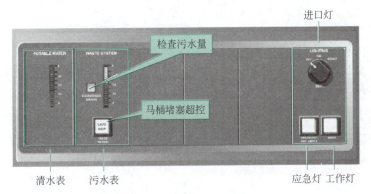

图 2-42　后舱乘务员控制面板

① 进口灯（ENTRY LIGHT）开关，有三个挡位可供调节，分别为：BRIGHT、DIM、OFF。
② 工作灯（WORK LIGHT）开关。
③ 应急灯（EMERGENCY LIGHT）开关（有护盖保护）。
④ 水表（E、1/4、1/2、3/4、F），E 为空；F 为满。
⑤ 污水表（应在最低两格为正常），下面的白色按钮为测试键（PRESS TO TEST）。

十一、乘务员控制面板（天空内饰）

乘务员控制面板（ACP）（如图 2-43 所示）采用 LCD 触摸显示屏技术，ACP 替换了原有的旧式乘务员面板，可以实现 LED 灯光控制，娱乐系统、水系统的控制和监控，还提供了其他功能控制，如触摸屏左侧的集成开关组件（ISA）上的功能。

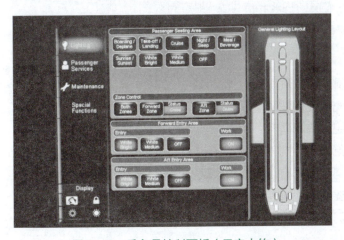

图 2-43　乘务员控制面板（天空内饰）

ACP 上，按键开关位于左边，LCD 触摸屏位于右边；在供电时 ACP 需要 5~10 秒进行启动；ACP 触摸屏上提供了 9 种标准灯光场景（包含 OFF 位）；前后 ACP 显示屏均可以控制和显示客舱灯光场景，灯光场景之间的切换需要 5~30 秒完成。

1. 前ACP

（1）按键开关部分

① 地面勤务开关；

② LCD 板过热指示；

③ Emergency EVAC (紧急撤离)。

（2）LCD 触摸屏

① 维护检查、构型检查、自测和软件安装只能通过前 ACP 完成；

② 只有前 ACP 有机上娱乐系统（IFE）电源开关；

③ 客舱环境温度；

④ 烟雾探测。

2. 后ACP

（1）按键开关部分

① 应急出口灯开关；

② LCD 板过热指示；

③ Emergency EVAC。

（2）CD 触摸屏

① 饮用水和废水量只能在后 ACP 显示；

② 真空废水系统维护自测；

③ 维护页面中可以进行 LAV INOP Test (卫生间不工作测试)。

（3）注意事项

① 维护屏幕 MAINTENANCE Screen，只有飞机在地面时适用；

② 前后 ACP 不可以互换；

③ ACP 外罩边框向内 1 mm 即为触摸屏区域。

? 思考题

1. 座椅靠背调节注意事项有哪些？
2. 舷窗与遮光板使用注意事项有哪些？
3. 旅客服务组件有哪些？
4. 客舱应急灯如何控制？
5. 断路器如何操作？有哪些注意事项？
6. 烟雾探测器的检测和使用注意事项有哪些？
7. A320 机门结构是什么样的？

8. A320 舱门警告系统的具体内容有哪些？
9. A320 舱门预位系统的操作有哪些？
10. A320 舱门正常开关操作有哪些？
11. A320 客舱内话机操作有哪些？
12. B737-800 型机门结构是什么样的？
13. B737-800 型机门如何预位（解除）与正常开关操作？
14. B737-800 型呼叫系统使用方法和注意事项有哪些？

第三章
客舱服务技能

第一节 客舱服务规范与技巧

一、乘务员姿态规范

乘务员在为旅客服务时表现出来的行为举止规范，动作姿态优雅，不仅体现出乘务员训练有素的职业形象，而且也给客人带来一种美的享受。乘务员站立时，应按标准站姿要求，工作中要避免身体歪斜、扒、扶、依靠等不良动作姿态。任何偏头、斜肩、歪身、腿弯曲、膝部不直、随随便便地依靠在座椅上或左顾右盼、浑身乱动，都是不雅的姿态，不但看上去直接破坏人体的线条美，而且还会令人觉得颓废消沉、萎靡不振、自由放纵。

女乘务员坐在座椅上应注意用手遮住裙角，不得跷起二郎腿；飞行中就座时应系好安全带、肩带，不得斜肩、倾肩、抱胸、曲腰或闭目养神，要坐稳，身体略微前倾，以表示对客人的尊重。

乘务员在机舱里行走应收腹、收臀、提气，目视前方，脚的内侧线在同一条直线上。双臂自然摆动，步履要小而轻；巡视客舱时，双手可自然相握，抬至腰间，两手臂稍内收，防止撞到客舱通道两侧的旅客，做到轻、稳、灵，不给人留下忙乱无章、慌慌张张的感觉；要自然、稳健、面带微笑，目光自然巡视客舱左右 3～5 排的旅客，与旅客的目光相遇时，应以点头微笑示意。若迎面有旅客走来，应主动停下来，侧身让旅客先行通过，并以正面朝向旅客。

在客舱引领客人时，乘务员应走在客人的左前侧，乘务员的行进速度应与客人的速度相协调，切勿走得太快或太慢，并及时回头关照提醒旅客。

乘务员检查或操作行李架箱时，上举动作要做到优美，用单手即可，尽量不要同时举起双手双臂，高度不够时，应踮起脚后跟来增加身体高度，保持身体的平衡性和稳定性，不得左右摇摆。

乘务员用手指示方向、指物或指人时，应五指并拢，拇指向上，手指指向前方，小臂带动大臂，根据指示距离的远近调整手臂的高度，身体随着手臂方向自然转动，视线与手指的方向一致，手臂略成弧线（如图3-1所示）。注意不得用单指或五指张开指人、指物或指方向。紧急情况下可用双手或身体语言来指示方向。

迎宾、送客时可用鞠躬表示欢迎和致谢，鞠躬时身体向前，以髋为轴，整个腰及肩部向前倾斜15°，头、颈、背自然成一直线，眼睛自然注视旅客，面带微笑与客人交流。

图 3-1　姿态规范

二、乘务员语言规范

语言是客舱乘务员与旅客交流沟通、了解旅客需求的工具。在服务过程中，乘务员应根据不同的情景、不同的客人，使用不同的语言表达方式，以保证服务目的的实现。客舱服务常用的语言和表达方式，概括起来有以下几个方面。

1. 主动热情的问候

乘务员迎送旅客或与旅客碰面时，都应主动热情地向旅客问候，给旅客留下良好的第一印象。问候时应热情、真诚，对常客的到来，问候时可表达一下你的心情，如："王先生，您好，很高兴又见到您。"

迎客时，可以说："先生，您好！欢迎您登机！"或"早上好！"等。迎客过程中也会碰到一些特殊的旅客，有些旅客甚至会对乘务员说"我是你们某领导的朋友"，这时，乘务员无论是否认识旅客所提到的领导，都不要让旅客扫兴，可因势利导代表公司对旅客表示欢迎。可以说："先生，很高兴见到您！非常欢迎！"或"您好，欢迎您乘坐我们的航班，我们很高兴为您服务！"

2. 友好善意的提示

由于旅客对客舱环境、客舱设备和客舱安全规定不熟悉，乘务员在服务过程中应给予必要的语言提示和帮助。例如，当旅客寻找座位时，乘务员应主动协助，并给予明确的指示，可以说："您好！这里的座位是10D，您的座位是几号？哦，您的座位在客舱中部，请您再往前走5排，右边靠窗的位置就是。"并配合手势指示方向。当旅客不按牌号入座，上机后就坐在前排，乘务员可以说："先生，您好！请您先回原位就座，飞机起飞后再调整座位好吗？谢谢您的配合！"若旅客不听从劝阻，可以再告诉旅客："对号入座是确保飞机起飞平衡的一项安全规定，请您配合我们的工作，谢谢。"乘务员在处理普通舱旅客坐在公务舱的情况时，往往比较棘手，乘务员在调整其座位时，应避免向旅客过多地提及舱位等级和价格的差距，以免伤及旅客的自尊心，可以这么说："先生/小姐，这是公务舱，请您坐回原位好吗？谢谢！"当乘务员推着餐车在过道行走时，常常会因飞机飞行不稳定而撞到旅客，这时，乘务员应提醒过道两边的旅客："请注意，餐车通过。""谢谢！"使用提示语时，语气要柔和、清晰，可用商量的语气提醒旅客。

3. 细致耐心的介绍

乘务员向旅客介绍机上设备、安全要求时，必须细致耐心、言简意赅、条理清楚，不仅要让旅客理解所介绍的内容，而且要让旅客易于接受。

例如，当紧急出口座位附近的旅客询问自己的座椅为什么不能调节时，乘务员应耐心地给予介绍："很抱歉，您这排座椅的背后是紧急出口，因为安全的设计，不能向后调节。如果您愿意，我可以帮您调换一个座位。"这是在有空座的前提下。乘务员进行安全检查时，应严肃认真，但又不失礼节礼貌，注意与旅客交谈的态度和语气不应生硬严厉。例如可以这么说："您好，先生，我们的飞机马上就要起飞了，为了您的安全，请您系好安全带！"或"请您将小桌板收好！请您将座椅靠背调直！请您帮助拉起遮光板！"对坐在紧急出口座位的旅客进行紧急出口座位介绍时可以说："请原谅，打扰几位了，你们现在坐的这个位置是紧急出口，这个出口是紧急情况下使用的，在正常情况下请不要触动这里的红色标志把手。当紧急情况发生时，请听从乘务员的指挥。希望各位能配合我们。辛苦啦，谢谢！"

4. 体贴的征询

征询是指征求旅客对服务的要求和意愿。特别是在为旅客送餐、送水时，乘务员要充分尊重旅客的意愿，在无法满足旅客的意愿时，要向旅客提供其他建议。例如提供饮料时，旅客需要的饮料没有了，首先要向旅客表示歉意，同时诚心地推荐类似的其他饮料，供旅客选择。可以这样说："对不起，××饮料已经用完了，您可以试一下橙汁或苹果汁，味道也不错，请问您需要来一杯吗？"在向旅客提供餐食时，首先要征询一下旅客的意见，如："今天供应鱼肉饭、鸡肉饭，请问您需要哪一种？""先生/小姐，您需要的是鱼肉饭，对吗？请慢用！"在收餐盘时应主动征求客人的意见，可以说："我帮您把用完的餐盒收走好吗？"

5. 和蔼委婉的拒绝

乘务员对旅客提出的不合理要求应予以拒绝，但在使用语言时要语调和缓，言辞委婉，既要让旅客知道其要求无法得到满足，又要使其获得应有的尊重。

例如，旅客把行李物品放在厨房、舱门、紧急出口等处，是不符合安全规定的。乘务员应和蔼地与旅客沟通，可以说："小姐/先生，您好，非常抱歉，这里是出口通道，为了您和旅客的安全，我帮助您把它放在行李架上好吗？"当旅客对啤酒需求量大时，乘务员应婉转地拒绝再给啤酒，可以说："先生，很抱歉，高空飞行喝过量的酒对身体不好，而且对飞行安全也不利，我帮助您倒杯橙汁好吗？"

6. 果断的制止

当旅客的行为影响到飞机安全时，乘务员应态度坚决地给予制止。例如飞机马上就要起飞了，乘务员突然听到手机响声，应立即制止："先生，为了保障飞机导航系统的正常工作，请您立即关闭手机，谢谢合作！"当旅客在客舱、洗手间吸烟时，乘务员应给予礼貌而严肃地制止："先生，为了飞行安全，洗手间里禁止吸烟，您能告诉我，您把烟头丢哪里了好吗？让我们找到它吧。"当旅客私自摆弄客舱紧急设备时，乘务员可制止说："先生，我们飞机上的某某设备只有在紧急情况下才能使用，为了您的安全，请您不要随意动用，谢谢。"

7. 真诚的致歉

致歉是指乘务员在服务过程中，因工作失误或服务不周带给旅客情绪不良影响而采取的语言弥补措施。在致歉时乘务员一定要表现出态度的真诚。例如航班延误，旅客上机后，应向旅客表示歉意："女士/先生，您好！非常抱歉让您久等了！辛苦了！"再如，由于地面等待或空调故障导致客舱太热，旅客抱怨时，乘务员应体谅旅客的感受，并积极给予解决，"我们非常能理解您的感受，我们已经通知驾驶舱，为大家调节客舱温度。"

还可以说:"真的抱歉,大约几分钟后,您就会感觉好些,请您稍等一会儿,要不我先给您倒杯冰水,好吗?"乘务员为旅客倒饮料时,饮料洒在旅客身上,应立即致歉:"小姐/先生,实在对不起,是我不小心,给您添麻烦了,我用毛巾给您擦一擦,行吗?谢谢您的配合,再次向您表示歉意。"

8. 衷心的感谢

乘务员在客舱服务过程中对旅客给予的各种配合应表示感谢,例如,收物品时,旅客将用过的东西整理好,并主动递给乘务员,这时乘务员应真诚地说:"先生/女士,谢谢您。"当旅客的有些特殊要求无法得到满足,而旅客对航空公司的规定又表示理解时,乘务员可以说:"先生/女士,谢谢您对我们工作的理解和支持,您的建议很好,我会将您的建议转告给公司,谢谢。"

总之,在与旅客交流的过程中,应掌握多种语言表达方式,善于使用礼貌用语,避免平淡、乏味、机械的语言,服务语言应简练、通俗、亲切,以达到预期的效果。

三、客舱服务技巧

乘务员在客舱服务过程中所表现出的动作规范与熟练程度,是旅客评价乘务员服务水平的重要标志之一。掌握客舱服务技巧是乘务员必须具备的专业技能。

1."端"的动作要领

端盘时,要求双手竖着端盘子的后半部。左右手四指并拢托住盘子的底部,拇指扶在盘子的外沿,大小手臂成90°,手臂不靠身体,托盘不贴腹。端着装物品的托盘在客舱内转身时,身子转,盘子不转。不可端着空托盘在客舱内行走。如图3-2所示。

图3-2 "端"的动作

2. "拿"的动作要领

手拿杯子、酒瓶等，应端、握杯子或酒瓶下部的 1/3 处，如图 3-3 所示。

单手拿空托盘时，托盘竖着拿，盘面朝里，四指并拢放于盘子的底部，拇指在盘子的内侧，拿托盘的手臂自然垂直在身体一侧，如图 3-4 所示。

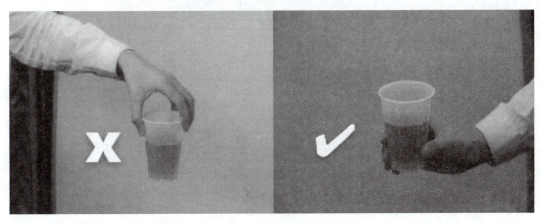

图 3-3　拿杯子

图 3-4　单手拿空托盘

3. "倒"的动作要领

倒酒水、饮料时，右手垫一块餐巾后再拿杯子，拿住杯子下部的 1/3，杯子倾斜成 45°，左手执壶/瓶斟倒，如图 3-5 所示。

图 3-5 "倒"的动作

4. "送"的动作要领

送报纸、杂志或餐食的次序一般按座位从前至后，先里后外，或者先女宾后男宾，小孩、老人、外宾优先。送礼品时，用大托盘装礼品，要求摆放整齐美观，礼品上印刷的航徽或标记正面对着客人，礼品要充足，留有余地。

无论是送饮料还是送其他物品，都应特别注意将所送物品的标志正面对着客人，并尽量用双手送至旅客面前或将其放在小桌板上；如果需要为个别旅客送水或其他物品时，可将其放在小托盘上送至旅客面前。送果品和包装食品时，将其放在筐内或小托盘上，送出时要特别注意双手拇指不能进入筐内或托盘内。乘务员将物品递（送）给旅客或旅客自取两便。如图 3-6 所示。

送餐时，餐盘从餐车中由下至上抽取出来；餐盘可直接递给客人，也可放在小桌板的正中，热食要靠近客人，如图 3-7 所示。

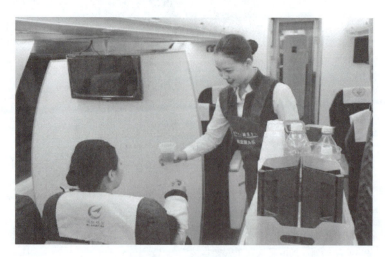

图 3-6 送饮料的动作

图 3-7 送餐食的动作

5. "放"的动作要领

乘务员无论在客舱还是在厨房里放东西，均要遵守"轻""稳""准"的原则，如图 3-8 所示。

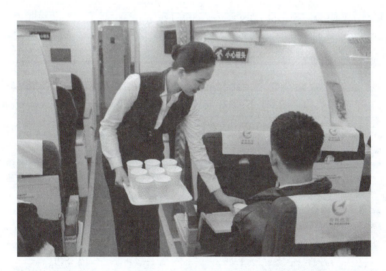

图 3-8 "放"的动作

6. "收"的动作要领

乘务员收物品的次序与送物品的次序相反，从后往前、先外后里。收回旅客用的空杯子用托盘收，乘务员左边的客人用左手收，右边的客人用右手收；将杯子放在回收车上时由里向外摆放。杯子叠加的高度不超过 5 个，如图 3-9 所示。

收餐盘时，应该用餐车收取，餐车顶部放两个大托盘，用来放空杯子或杂物等，收回用过的餐盘放进餐车时，从上往下逐格摆放。

图 3-9 "收"的动作

7. "推""拉"动作要领

推餐车时,"推"(如图 3-10 所示)的乘务员应双手扶在餐车上方左右两个侧面,双手略用力推动餐车,但不可用力过大、过快,双手不要撑在车上,要边推边掌握方向,保持餐车上物品平稳,注意不要撞到旅客的脚和座椅扶手,及时用语言提醒旅客往内靠一下。

"拉"餐车(如图 3-11 所示)的乘务员的动作应是双手在车上方凹槽内,用力拉动餐车,需特别注意自身脚下的重心。

推拉车时要养成踩刹车习惯,车停就应踩刹(如图 3-12 所示),刹车声音越小越好。当把餐车放回原处后,需要注意餐车门是否关好,搭扣是否扣好,餐车是否已刹住。严禁将餐车单独放在过道上,如车上只有两个热饮壶,壶嘴应朝向对面的乘务员(如图 3-13 所示)。出于安全考虑,有的航空公司会将咖啡和茶等热饮壶摆放在餐车内。回答旅客问询时,手不要搭在车上,应交叉摆放腹前。

图 3-10 "推"的动作

图 3-11 "拉"的动作

图 3-12 踩刹车

图 3-13 壶的摆放

四、客舱服务标准

中国民用航空局对国内各大航空公司的服务质量提出了大体规定,各大航空公司针对本公司的服务质量要求,都制定了详细的服务标准,一般的服务标准大致如下。

1. 经济舱服务标准

(1) 国内航线经济舱服务标准

① 引导旅客就座,协助安放行李。
② 提供报纸杂志。
③ 提供免费耳机。
④ 提供多种冷、热饮。
⑤ 提供啤酒、果汁服务。
⑥ 提供两种热食供旅客选择和提供特殊餐食服务。

(2) 国际航线经济舱服务标准

① 引导旅客就座,协助安放行李。
② 提供阅读刊物。
③ 提供免费耳机。
④ 提供多种冷、热饮。
⑤ 提供啤酒、红葡萄酒、白葡萄酒、果汁服务。
⑥ 提供免税品销售。
⑦ 提供两种热食供旅客选择和特殊餐食服务。

2. 头等舱/商务舱(公务舱)服务标准

(1) 国内航线头等舱/商务舱(公务舱)服务标准

① 旅客登机前,打开头等舱/商务舱(公务舱)所有行李架。
② 旅客登机时,协助旅客安放行李,将衣物挂好。
③ 提供当日报纸、各种杂志。
④ 提供起飞前饮料、餐巾纸、杯垫。
⑤ 提供免费耳机。
⑥ 提供拖鞋服务。
⑦ 提供多种冷、热饮。
⑧ 提供餐谱服务。
⑨ 提供一份摆放精致的餐食。
⑩ 提供两种热食选择。
⑪ 提供红、白葡萄酒和啤酒服务。
⑫ 提供热毛巾服务。
⑬ 提供瓷器、玻璃器皿和棉质餐巾服务。
⑭ 旅客享有不被打扰的权利,提供及时周到的服务。

⑮ 对旅客实行尊称、姓氏服务。
⑯ 为旅客提供最后登机、优先普通舱下机的服务。
⑰ 头等舱提供宽敞、豪华、舒适、坐仰两用的座椅。
⑱ 公务舱提供宽敞、舒适、坐仰两用的座椅。

(2) 国际航线头等舱/商务舱（公务舱）服务标准

① 在旅客登机前，打开头等舱/公务舱所有行李架。
② 旅客登机时，协助旅客安放行李，将衣物挂至衣帽间。
③ 提供多种阅读刊物。
④ 提供香槟、饮料。
⑤ 提供免费耳机。
⑥ 提供拖鞋、牙具服务。
⑦ 提供知名品牌酒类。
⑧ 提供多种精美的鸡尾酒服务。
⑨ 提供多种冷、热饮。
⑩ 提供餐谱服务。
⑪ 提供一份摆放精致的餐食。
⑫ 提供三种以上主菜选择。
⑬ 提供多种水果、奶酪和蛋糕选择。
⑭ 提供精致的饭后巧克力。
⑮ 提供瓷器、玻璃器皿、不锈钢叉和棉质餐巾服务。
⑯ 旅客享有不被打扰的权利，提供及时周到的服务。
⑰ 提供热毛巾服务。
⑱ 对旅客实行尊称、姓氏服务。
⑲ 公务舱提供宽敞、舒适、坐仰两用的座椅。
⑳ 为旅客提供最后登机、优先普通舱下机的服务。
㉑ 优先于普通舱购买免税品服务。
㉒ 头等舱提供宽敞、豪华、舒适、坐仰两用的座椅。

第二节
客舱服务实施

一、迎送服务

旅客登机时，要求各号位乘务员按公司规定进行迎客工作（如图3-14所示）。登机门附近乘务员的站姿要求应是双腿并拢，与机门成45°；15°左右鞠躬，向客人表示敬意；乘务员眼神时时与客人交流，面带微笑；在客舱内指引的乘务员在帮助旅客寻找座位时，指引的手势要明确，五指并拢，手指指向所指的方向；表情亲切，面带微笑，随时与客人进行语言交流，积极使用迎客时的问候语，及时解决客人的疑难问题。

送客时，乘务长站在 L1 门附近送客，其他的乘务员站在自己的工作岗位附近送客，礼仪规范要求与迎客时一致，如图 3-15 所示。

图 3-14 迎客

图 3-15 送客

二、广播服务

广播服务（如图 3-16 所示）是乘务员通过机载广播器传送声音，为旅客提供各类信息的服务。它贯穿于航班服务始末，具有覆盖面广、传播速度快、功能多样、感染力强等特点。

1. 广播的内容

一般正常情况下的客舱广播，主要包括：登机广播、关闭舱门前广播、安全演示、欢迎词、起飞安全检查、起飞前再次确认安全带、起飞后广播、供餐前广播、颠簸、免税品销售（仅限国际、地区航班）、填写入境单/申报单（仅限国际、地区航班）、入境相关规定（仅限国际、地区航班）、预报到达时间和目的地天气、下降致谢、落地前再次确认安全带、到达广播、旅客就座提醒、下机广播等。

2. 广播的要求

及时性、准确性、流利性、情感性是广播服务的基本要求。乘务员应充分利用广播这一有效工具，使其在客舱安全管理、服务质量提升等方面发挥积极关键的作用，与旅客建立良好关系，从而创造轻松愉悦的乘机氛围。

图 3-16 客舱广播

为了确保广播质量，广播员应遵循以下要求：

① 广播员应当按照公司广播手册内容，落实各项广播。在特殊情况下，根据航班情况的不同可临时组织广播词。

② 广播时要求吐字清晰、音调柔和、速度适中。正常情况下，较为适宜的中文播音速度建议为每分钟200～220字，英文播音速度为每分钟120～150个词。

③ 当长航线、夜航或大多数旅客休息时，应酌情减少广播或缩短广播内容。

④ 夜航或头等舱、公务舱旅客休息时，在条件允许的情况下，根据机型分舱广播，避免打扰旅客休息。

⑤ 当航班延误时应及时广播，告知旅客相关信息。

⑥ 遇有颠簸应及时提醒旅客，必要时重复广播。

3. 广播的注意事项

（1）**语速控制**　语速是指乘务员在广播时给旅客听觉的一种接受速度，客舱广播应采用标准语速。若广播语速过快，会让旅客听不清楚，无法理解广播内容；若广播语速过慢，会给旅客一种拖沓、生疏之感。节奏的快慢在实际广播中受多方面因素制约，例如：广播时的情绪、对广播内容的熟悉度等。对于不同性质的广播内容，还要掌握语气，做到声情并茂。让旅客切实感受到广播内容的价值，收到事半功倍的效果。

（2）**表达流利**　流利性是指广播时吐字清晰，发音标准，内容表达连贯顺畅。广播时，乘务员与旅客间并不是面对面的交流，不能借助手势、表情等辅助手段，只有发准每一个字、词的读音，才能使旅客准确地接收广播中传递的信息。如果广播时发音不准、吐字不清、语言表达不连贯，会使旅客不能正确理解广播内容，从而影响广播的效果。因此，乘务员应有意识地加强广播基本功的训练，提高广播水平。

（3）**及时准确**　广播是快速传递信息的一种有效途径，是从点到面的单向传播。为了达到广播效果，必须确保广播的及时性和准确性。在航空运输过程中，旅客通过广播获得航班运行相关信息，尤其是遇有航班延误等突发事件，旅客最想了解的是延误原因、目前状况、预计等待时间等。此时确切信息及时发布能使旅客安排好自身行程，达到安抚旅客情绪、取得旅客谅解的作用；及时准确的广播还有助于让旅客协助并配合乘务员工作，从而真正发挥广播的作用。例如：在飞行中，如果遭遇强气流，会对飞机造成较大的空中颠簸。此时，乘务员应立即进行广播，准确传递颠簸信息，才能在最短的时间内通知到所有旅客，提醒旅客注意安全，并根据要求做好安全防范措施。

（4）**赋予情感**　广播质量不仅仅局限于语速、语音、语调，充满情感、富有人情味的广播更易于被听众接受。广播时若缺乏感情、语调平淡，给人感觉不亲切，让人失去兴趣，会使旅客产生一定的排斥心理；相反，如果把握好广播时的情感，就能引起旅客注意，使广播达到预期效果。所谓"读书百遍，其义自见"，任何一段广播都应先做到"熟读"，只有熟悉广播词，才能赋予恰当的情感，从而真正地体现广播的生命力。一个好的广播员不能仅仅停留在"读"广播词，能做到"脱口而出、声情并茂"是每一个广播员追求的目标。

三、饮品服务

民航客舱配备的饮品可分为饮料和酒类两大类。主要包括水、茶、咖啡、果汁、碳酸饮料及各种酒。各航空公司都根据自己的实际情况,在不同的航线、不同舱别提供不同档次的饮品。客舱配备的饮料主要有以下几种类型。

(一)矿泉水

矿泉水是指从地下深处涌出或由人工开采出且未受污染的地下矿水,其含有一定量的矿物盐、微量元素或二氧化碳气体。因其水质好、无污染,清凉爽口,口味微甜或微咸,而深受人们欢迎,是机上的必备饮品。

各航空公司可根据不同的航线,配备矿泉水或蒸馏水、纯净水。矿泉水的最佳饮用温度为 6~8℃,饮用前可冰镇,但饮用时不能加冰块。

(二)果汁类

果汁饮料是以各种水果为原料,经选果、清洗、榨汁、过滤、杀菌等工序,加入适量的水、糖、香精、色素或其他添加剂制作成浓缩或稀释的饮料,是机上的必备饮品。

机上一般配备瓶装或盒装果汁饮料。主要品种有橙汁、番茄汁、芒果汁、椰汁、胡萝卜汁、苹果汁、桃汁、菠萝汁、雪梨汁、猕猴桃汁等,各航空公司一般根据自己的实际情况,配备 3~5 种果汁供客人选择。

果汁饮料开瓶前应摇匀,特别是带果粒的橙汁、番茄汁等。乘务员在服务时应准备冰块,根据客人的需要而添加。

乘务员在倒饮料时,应握住瓶子的下半部,注意控制瓶身的倾斜度和饮料出口的速度。饮料为满瓶时,用手腕控制瓶身斜度和饮料出口的速度。一般倒饮料的量为七分左右,用餐期间为八分满。

(三)碳酸饮料

碳酸饮料是指含二氧化碳气体的饮料。碳酸饮料二氧化碳气体足,泡沫丰富细腻,饮后爽口清凉,口感清新。碳酸饮料按不同的原料可分为可乐型、果汁型、果味型和苏打水等几种类型。著名的碳酸饮料有可口可乐、百事可乐、雪碧、七喜、干姜水、汤力水、苏打水等。可乐是飞机上必备的饮料,其他碳酸饮料各航空公司一般是根据航线或舱别来配备的。

碳酸饮料泡沫丰富,二氧化碳气体足,开瓶不可摇晃,开瓶时将瓶口倾斜 45°,斟倒时将杯子倾斜 45°,让饮料沿着杯壁流下,以免泡沫溢出。碳酸饮料一般倒杯子的六七分即可,小龄旅客在征求其家长同意后可倒五分左右。如客人要求加冰块,应先加冰块再倒饮料。

(四)茶

茶是人们普遍喜欢的饮料,不仅口感好,而且有利于身体健康。中国茶根据制造方法和品质特点可分为绿茶、红茶、乌龙茶、花茶和普洱茶等。为了便于携带、冲泡,还可以加工成袋泡茶、速溶茶。

机上一般提供乌龙茶、红茶、绿茶，以袋泡茶为主。有些航空公司为了满足客人的需要，也提供现泡的"功夫茶"。袋泡茶的冲泡方法较为简单，先在茶壶内注入五成开水，然后将茶袋放入茶壶浸泡，待送饮料时再往壶内注入开水至七成左右，取出茶袋即可。斟倒时以七分为宜。"功夫茶"的冲泡方法较为讲究，一般为头等舱旅客提供。冲泡"功夫茶"的茶叶以乌龙茶为最佳，冲泡前应先将水烧开，把泡茶的茶具洗净消毒，将茶叶放入茶壶，用开水冲泡，盖上盖稍闷一下，将茶水倒入公杯，而后再将杯内茶倒入小茶杯，用小托盘托送，由客人自取，送热茶时应提醒客人小心烫手。红茶一般为头等舱旅客提供，提供红茶时，要主动询问旅客是否加糖、柠檬或牛奶；若旅客要的是奶茶，一般不加柠檬；也可根据客人的需要，提供糖、柠檬、牛奶由客人自行添加。

（五）咖啡

咖啡是一种醇香、带有苦味的饮料，饮用时香味浓烈，口感醇厚，提神醒脑，具有一定的保健作用，深受旅途疲劳客人的欢迎。调制咖啡的方法较为讲究，根据飞机的实际情况，机上一般提供速溶咖啡，采用冲泡法冲泡。

泡咖啡最理想的水温是86～95℃，用沸腾的水泡咖啡，会增加咖啡的苦味和收敛性，使质量下降。咖啡浸泡的时间过长会破坏咖啡的风味。咖啡的最佳饮用温度在70～80℃，以保证咖啡的口感。提供给客人饮用，可提前将咖啡杯预热，头等舱提供咖啡应配专用瓷制咖啡杯，普通舱可用饮料杯。

（六）酒

1. 酒的分类

酒的品种繁多，分类的方法自然也很多。按制造方法分类可分为酿造酒、蒸馏酒、配制酒3大类。

酿造酒即用含糖或淀粉的原料经过糖化、发酵、过滤、杀菌后制得，属低度酒，如黄酒、果酒等；蒸馏酒是以含糖或淀粉的原料，经糖化、发酵、蒸馏制得，大多为高度酒，如白酒、烧酒等；配制酒又名再制酒，是以酿造酒或蒸馏酒为酒基，再配加一些药材而制成，如药酒、滋补酒等。

2. 客舱配备的酒类

客舱配备的酒包括啤酒、葡萄酒、白兰地、威士忌、鸡尾酒等。

3. 酒的提供温度

① 香槟酒——需要冰镇。

② 伏特加——需要冰镇。

③ 白葡萄酒——需要冰镇。白葡萄酒适宜10～12℃饮用，开瓶前先于冰桶内冰凉。斟酒量不超过杯容量的二分之一，宜搭配海鲜食物。酒杯用郁金香型高脚杯。

④ 啤酒——需要冰镇。

⑤ 红葡萄酒——保持室温（如温度过低，应用热餐巾焐热）。

红葡萄酒在室温18～20℃开瓶后，需等待15～30分钟的醒酒时间再斟酒才会圆润、柔顺、易入口。

4. 倒酒的量及佐菜

饮酒若能选择适当的场合，维持正确的酒温，挑选合宜的酒杯，搭配一定的菜肴，就能充分发挥出酒的特质，享受饮酒的乐趣。

① 香槟酒倒 1/2 香槟杯，作为欢迎饮料和餐中酒，航班中全程提供。
② 白葡萄酒倒 1/2 葡萄酒杯，一般佐以鸡、鱼、海鲜等浅色肉类。
③ 红葡萄酒倒 1/3 葡萄酒杯，一般佐以牛、鸭、奶酪、野味等深色肉类。
④ 啤酒倒 2/3 饮料杯。
⑤ 伏特加酒倒 1/2 利口酒杯，佐以鱼子酱。

5. 供酒方式

飞机上一般提供酒精度较低的红葡萄酒、白葡萄酒、香槟酒、鸡尾酒、啤酒等，以红葡萄酒、白葡萄酒和啤酒为主。

开葡萄酒时，应先用小毛巾将瓶口擦干净，然后用开瓶器轻轻将软木塞拔出。葡萄酒应使用高脚葡萄酒杯，红葡萄酒斟 1/3 杯，白葡萄酒斟 1/2 杯，每斟完一杯酒，应将瓶口提高 2～3 厘米，并转 1/4 圈使最后一滴酒均匀地分布在瓶口边沿，以免滴落在桌上或客人身上。

飞机上提供的啤酒以罐装为主。一般情况下，必须将啤酒打开后，整罐递给客人，由客人根据需要自己斟倒。从客舱安全及客人的身体健康考虑，机上提供的酒类应适当控制，不可无限制地提供给客人。

（七）饮品服务应注意的事项

① 开瓶前应用小毛巾将瓶口擦干净后再开启。
② 乘务员拿饮料杯时应拿杯的下 1/3 处，拿高脚杯时应拿杯脚，双手不可触摸到杯口。
③ 斟倒饮品时，注意瓶口不要触及杯口。
④ 用水车为客人提供饮品时，饮品应按规定的位置摆放，一般为冷饮在外，热饮在中间，壶内咖啡、茶等热饮只能装七分满左右。饮料的标签应朝客人，空杯子码放的高度不得超过最高饮料瓶的高度。
⑤ 使用大托盘递送饮料，应摆放均匀，一般一次装盘不超过 15 杯。
⑥ 短航线的航班送热饮时，乘务员一手拿壶、一手拿托盘将热饮送到客人面前，斟倒时壶嘴应对着过道。

四、餐食服务

（一）餐食配备

航空公司根据航班飞行的时段，为旅客安排早餐（含热食）、冷早餐（不含热食）、正餐（含热食）、冷正餐（不含热食）和点心。

航空公司主要餐食配备（如图 3-17 所示）有以下几种。

① 冷盘。以开胃菜、水果沙拉、蔬菜沙拉、荤菜沙拉等冷菜为主。

② 热食。有米饭、面、粥、汤、肉类、海鲜、家禽、蔬菜等中西式热食。

③ 点心。各式糕点、面包、甜品、奶酪等。

④ 水果。各式时令水果、地方特色水果。

各航空公司一般根据航线的长短及客源情况配备不同的餐食。同一航班不同的舱别等级提供的餐食也有所区别。普通舱提供的正餐以盒装套餐为主，将主食和配菜装在同一餐盒内，整套提供给客人，每个航班一般应至少准备两种以上的套餐供客人选择。头等舱和公务舱的正餐则按餐前酒、开胃菜、汤、色拉、主菜、甜品、水果、餐后酒的顺序提供给客人。

图 3-17　餐食

（二）特殊餐食

1. 供应特殊餐食注意事项

旅客登机前，乘务长要了解特殊餐食的内容、旅客座位号并确认，及时通知该区域乘务长和乘务员。

供餐时，应先于其他旅客提供特餐。

婴儿用餐时，乘务员视情况待婴儿用餐完毕，再提供其监护人餐食。

尊重各国及各地风俗习惯。

2. 特殊餐食提供

特殊餐食根据乘客个人要求提供，以适应宗教上或健康上的需要，但乘客应在飞机起飞前至少 24 小时提出要求。

特殊餐食由食品公司根据"特殊食品通知单"提供，要做好特殊标记，"特殊食品通知单"记有要求的特殊餐食及座位号。

3. 特殊餐食的种类

特殊餐食包括婴儿餐、儿童餐、低热能餐、低脂餐、低胆固醇餐、低盐餐、糖尿病餐、无麸质餐、水果餐、海鲜餐、素食等，见表3-1。

表3-1　其他特殊餐

序号	餐食代码	餐食种类	餐食详情
1	BBML	婴儿餐	适用于二周岁以下的婴儿的餐食
2	CHML	儿童餐	适用于二至十二周岁的儿童的餐食
3	LCML	低热能餐	限制脂肪、调味料、肉汁与油炸食材的含量；限制含糖食材
4	LFML	低脂、低胆固醇餐	使用低胆固醇、高纤维的材料，无红肉、油炸及高脂肪的餐食
5	LSML	低盐餐	限制使用含有天然盐份和钠的加工食材，不添加盐份的餐食
6	DBML	糖尿病餐	适合糖尿病患者食用的餐食，不含有任何种类的糖
7	GFML	无麸质餐	不含任何形式的麸质的餐食
8	FPML	水果餐	配备新鲜水果的餐食，水果种类根据供应及季节而定
9	SFML	海鲜餐	包括一种或多种海鲜，不含其他肉类制品的餐食
10	AVML	亚洲素食	印度风味素食餐，口味通常辛辣，无肉类、海鲜及鸡蛋类食材，可能包含少量乳制品
11	VGML	西式素食	西式素食餐，不含肉类、海鲜、蛋类及乳制品食材
12	VOML	东方素食	中式素食餐，不含肉类、海鲜、蛋类及乳制品食材
13	VLML	西式蛋奶素餐	其中可能含有鸡蛋和乳制品的素食餐

五、经济舱餐饮服务

1. 烘烤餐食的要求

① 根据旅客需求和餐食的种类，确认烘烤温度及时间。
② 热食烘烤前冷藏，应根据旅客用餐时间及需求分别加温。
③ 肉类热菜要在供应前 15～20 分钟开始烤炙。
④ 面包、蔬菜类要在供餐前 10～15 分钟开始烤炙。

2. 烘烤餐食(温度、时间)参考数据（表3-2）

表3-2　烘烤餐食(温度、时间)参考数据

餐食	温度 /℃	时间 / 分
面包	150～175 或高温	7～10（部分打开锡纸烘烤）
肉类	175～200 或高温	15～20
海鲜类	175～200 或高温	15～20
牛扒类	200～250 或高温	18～20
蔬菜	150～175 或高温	7～10
点心 / 早餐	150～200 或高温	10～15

注：套装餐食的热食烘烤时间以主菜为准；根据餐食冷冻情况调节烘烤餐食温度及时间。

3. 经济舱餐饮服务程序

① 餐前酒水、果仁、餐巾纸。
② 收杯子。
③ 冷盘、热食。
④ 餐中酒水。
⑤ 整理餐桌。
⑥ 热饮。
⑦ 收盘。

4. 经济舱餐饮服务要求

在提供餐饮之前，乘务员应用洗手液洗手。
① 开餐前，广播通知旅客，并协助第一排的客人将扶手里的小桌打开。
② 先提供特餐，然后再开餐。
③ 送餐时，主动向旅客介绍两种热食的种类，供旅客选择。
④ 不要叫醒睡觉的旅客，将其座位号记录下来，随时提供服务。
⑤ 保持餐车的同步进行。
⑥ 送餐盘时，从餐车中自下而上取出餐盘，热食对着客人。
⑦ 收餐盘时将餐盘自上而下逐一收回放入餐车，车上放一空盘或托盘。

六、机上娱乐服务

随着现代技术的飞速发展，旅客需求日趋多元化。在确保飞行安全的前提下，航空公司力图为旅客带来更加丰富多样的娱乐体验。特别是在远程航线上，大多数旅客除了对餐饮品质有要求外，也非常关注长时间飞行中消遣娱乐的方式。机上娱乐服务的主要作用在于让旅途变得愉快、轻松，减少长途飞行的烦闷、疲劳。

机上娱乐服务主要包括书报杂志服务和电子娱乐服务。

（一）书报杂志服务

书报杂志可以摆放在登机门附近，供旅客登机时自己选择。其摆法是：相同的报纸摆在一起；杂志要每一本排列，扇形排开，以便旅客取阅。

在飞机起飞后，乘务员可以将书报杂志送至客舱，供登机时未取报纸的旅客选择。书报杂志的拿法是：左手四指并拢，手心朝上托住报纸或杂志的底部，拇指在报纸里侧，报纸的刊头正面朝向旅客；右手四指并拢，手心朝上，大拇指扶在报纸、杂志的右上角。旅客选择时，可顺势抽出，报纸最外边的可直接拿，中间的和里边的，用右手拇指和食指捏住报纸的一边，沿着边缘至右上角抽出，刊头在上，朝向客人，如图 3-18 所示。如果使用右手托报刊，则使用左手轻扶报刊，抽取并递给旅客，如图 3-19 所示。

用报车推出时，将书报杂志拢齐摆放在车内，乘务员轻轻推出，通过广播通知旅客，由旅客自己选择。

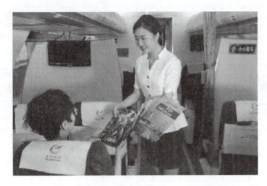

图 3-18　送报刊（左手托，右手取）

图 3-19　送报刊（右手托，左手取）

（二）电子娱乐服务

以 IFE（In-flight Entertainment，简称 IFE）为主的电子娱乐服务（如图 3-20 所示），其提供形式也日趋多样化。目前 IFE 已经从简单的突幕式电影播放走入了互联网时代，世界主流的航空公司的电子娱乐服务在硬件配备上都很先进，目前主要以提供视频和音频服务为主，并配备无线网络服务。

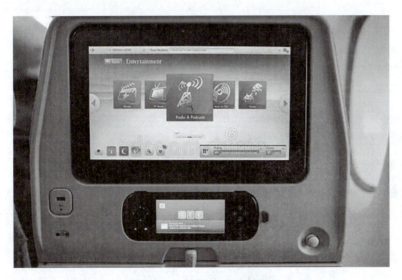

图 3-20　电子娱乐系统界面

1. 视频服务

视频服务是指乘务员通过机载影音设备为旅客播放电影、新闻、音乐、电视等节目，并提供订餐、免税品购买、各类资讯查询等服务。

（1）基本作用

① 安全提示。通过视频系统播放乘机安全须知录像，向旅客做好起飞前的各项安全简介。

② 传递信息。旅客可以通过视频看到航行景观，及时了解外界情况，如飞经城市及主要地标、目前所处位置、飞行高度、飞行时间、目的地城市天气状况、机场航站楼

信息等。同时，旅客还可以通过浏览航空公司网页，了解更多公司概况，并获取有价值的出行信息（如航班时刻、酒店预订、目的地旅行攻略等）。

③ 娱乐休闲。旅客可以通过视频，在飞机上享受舒适的服务、购物的乐趣，例如，实现餐点预选、乘务员呼叫、免税品销售等服务。同时，旅客可自行选择 IFE 中存储的电视、电影、音乐、游戏等节目，甚至是互联网接入。

（2）服务要点

① 旅客登机前，乘务员应完成对机载影音设备的正常测试。如发现故障，及时报告乘务长。乘务长填写"客舱记录本"并通知机务人员进行修复。

② 飞行中，如果机载影音设备出现故障，未能及时修复，应及时告知旅客，真诚地致歉，取得旅客的谅解。

③ 由指定的乘务员负责设备操作，并对播放情况进行有效监控。

④ 对儿童、老人、残疾等特殊旅客，提供指导并帮助他们正确操作、合理使用机上的相关电子娱乐设备。

2. 音频服务

音频服务是指乘务员通过机载音频设备为旅客播放各类乐曲，使旅客通过欣赏音乐放松心情。提供的音乐类型多样、风格各异，主要有流行音乐、古典音乐、乡村音乐、交响乐、摇滚乐、轻音乐等，以满足不同旅客的不同需求。

基本作用：

① 调节氛围。迎送旅客时，通过播放轻松、欢快的乐曲能调节沉闷、枯燥的气氛，同时表达全体机组人员对旅客的欢迎之情、答谢之意。

② 音乐欣赏。旅客可以根据个人喜好，选择喜欢的音乐类型。

3. 耳机服务

在飞机起飞后，为了在漫长的旅途中给旅客增加乐趣，飞机经常为旅客播放娱乐节目，有电影、轻音乐供旅客选择。在乘务员广播公告播放娱乐的节目单、分发耳机后，乘务员开始向旅客发送消毒干净的耳机。航空公司为旅客提供耳机服务，是为了降低飞机发动机带来的噪声影响，减少对周围环境的干扰，以营造令人满意的视听氛围。随着科技的不断发展，飞机上配备的耳机在功能性、舒适性、耐用性等方面都有了较大进步，受到旅客的普遍欢迎。

送耳机时，乘务员应遵循"送"物品的原则，以发放形式送至旅客手中或放于座椅前面的插袋内。同时向旅客说明耳机的使用方法和频道的选择方法。旅客在使用耳机的过程中会碰到问题，乘务员要给予耐心的解释，并帮助旅客解决问题。

在飞机下降前，乘务员应收回耳机。在广播员对旅客广播收回耳机时，乘务员进入客舱逐一收回旅客所领取的耳机。收回耳机时，同样遵循"收"的原则。收回耳机后，清点个数保证全部收回。

第三节
两舱与国际航班服务

一、两舱服务

1.两舱环境

"两舱"是指头等舱（First Class）和商务舱／公务舱（Business Class）。头等舱（如图 3-21 所示）是民航客机最豪华、顶级的舱位，通常设置在飞机的头部位置。商务舱则介于头等舱和经济舱之间。根据机型的不同，一般设置 4～16 个头等舱席位和 8～90 个商务舱席位。头等舱的票价相当昂贵，乘客所享受的空间和礼遇都远超过商务舱。为了满足不同航线运营的需要，某些航空公司移除了头等舱安排，而商务舱则取代头等舱的位置成为顶级的舱位，但两者的差别还是存在的。通常头等舱和商务舱之间以布帘或隔板等隔开。

图 3-21　头等舱

头等舱以价格昂贵著称，但提供了宽大的座椅和空间。头等舱座椅通常提供 4 种配置，标准座椅（Standard Seats）、平躺座椅（Lie Flat Seats）、床式座椅（Flat Bed Seats)和迷你套房（Mini-Suite）（里面包含床、工作台和电视）。头等舱座椅能转换成一张 2 米长的睡床，甚至还具有腰部按摩功能。机上娱乐系统强大，从游戏到最新的国内外电影无一不齐备。在头等舱、商务舱的舱内配有多制式电源插座，方便手提电脑的使用，并安装有动态灯光系统，又可称之为梦幻灯光，可根据乘客需要对灯光的颜色、亮度等进行调节，变化出日出、日落、夜晚、黎明等多种色彩不同的场景，如图 3-22 和图 3-23 所示。

图 3-22　两舱环境（1）

图 3-23　两舱环境（2）

头等舱乘客不仅能在空中享受到顶级服务，在地面也是如此。航空公司还会提供高档轿车接送、专用柜台、更大的免费行李额度、优先等级、专用贵宾候机室等服务。

世界各大航空公司为了争取留住更多高端客源，不遗余力地投放巨资，改造头等舱环境，纷纷拿出自己的绝活，为高端乘客营造更舒适、更优雅的环境，更尊贵、私密、独享的私人空间。从地面高效的服务准备到机上为乘客精心设计的服务计划，追求每一个细节且做到尽善尽美，已成为全球航空公司在头等舱航班上相互竞争的手段。

2. 两舱用品

① 专用的头等/商务座舱，独立的空间。
② 可转换成平躺床的座椅。
③ 羽毛棉被及睡衣。
④ 国际著名品牌的洗漱用具，如图 3-24 所示。
⑤ 高质量一次性拖鞋。
⑥ 专属配置空中乘务员。
⑦ 专用的头等舱盥洗室。
⑧ 丰富多彩的机内娱乐项目。
⑨ 各种特级酒类及非酒精的饮料。
⑩ 精致玻璃、瓷器、不锈钢器皿。
⑪ 优质的餐品、酒类、甜点以及开胃酒。

图 3-24　洗漱用具

3. 两舱餐饮服务程序

① 毛巾。
② 餐谱。
③ 桌布。
④ 餐前酒水（果仁、餐巾纸）。
⑤ 套装冷盘。
⑥ 面包。
⑦ 主菜。
⑧ 餐中酒水。
⑨ 收套装冷盘。
⑩ 水果、甜品（备用刀叉）。
⑪ 整理餐桌。
⑫ 毛巾。
⑬ 热饮。

4. 两舱餐饮服务要求

两舱餐饮如图 3-25 所示。

图 3-25 两舱餐饮

（1）送毛巾

① 毛巾湿后以不挤压出水为宜，温度适中。
② 用毛巾篮送，最多不能超过 20 条。无毛巾篮时用 7 寸盘送，最多不超过 10 条。
③ 竖着端送，送时稍倾斜，毛巾的光滑面朝着旅客。
④ 收毛巾时，一手端无垫纸小托盘，一手用毛巾夹，托盘始终保持在过道里。
⑤ 湿毛巾保持时间不宜超过 2 小时。
⑥ 无保温箱的飞机用温水现湿现送。

（2）餐谱

① 地面或开餐前送。
② 送时应注意封面对着旅客，在旅客面前打开。

③ 主动向旅客介绍餐谱内容。

（3）铺桌布

① 协助放下或取出小桌板。

② 桌布航徽对着客人，铺平。

（4）餐前酒水

① 用水车提供时，要求摆放安全、美观。

② 订送酒水时，从订至送不超过2分钟。

③ 杯子摆放在餐桌右上角，航徽对着旅客。

（5）摆放餐具

① 面包盘放在餐桌左上角，黄油碟位于其右下角，牙签、盐、胡椒包放在餐桌中前位。

② 刀子放在旅客右手，刀刃对着餐盘；叉子放在旅客左手；勺把朝右，放于盐、胡椒之上。

（6）面包

① 主动向旅客介绍面包的种类。

② 使用面包筐、面包夹，夹面包时不宜用力过大，以防面包变形。

③ 送面包应贯穿供餐的全过程，根据旅客需要随时增添。

（7）冷荤盘

① 先在服务舱将保鲜膜打开。

② 送给旅客时主菜对着客人。

③ 根据主菜的内容，询问旅客是否需要相应的酒水。

（8）色拉汁

① 用对半盘放两种色拉汁供旅客选择。

② 为色拉浇汁时，从里向外舀以免滴到桌上。

③ 一种浇汁，用一把瓷勺。

（9）主菜（在厨房配）

① 配主菜时一般应使用加热的9寸瓷盘。

② 配主菜时盘子的边缘及配菜之间要留有空隙。

③ 主菜搭配原则为由浅入深，主菜对着旅客，或盖浇式两种配菜方式均可。

④ 根据主菜内容询问乘客是否需要相应的酒。

（10）水果　先在服务舱将水果盘的保鲜膜打开。

（11）整理餐桌　将客人用过的餐具收回，动作规范，有语言沟通。

二、国际航班服务

国际航线是指飞行路线起止点、经停点不在同一国家的航线。国际航班的航程时间长，机型大，遵守的法规多，对于乘务员技能要求也较高。

（一）国内与国际航线服务差异

国际航线与国内航线相比，由于市场竞争更加激烈、客源更加多元化和国际化、中远程航线飞行时间相对较长等因素存在，因此在客舱服务方面，国际航线与国内航线存在一定的差异性。国际航线与国内航线相比，有以下特点。

1. 国际航线餐饮品种更多样化

为了满足国际航线来自不同国家、不同地区旅客的餐饮喜好，航空公司一般会针对不同的国际航线，提供更多样化的选择。

2. 国际航线服务流程更复杂

国际中远程航线飞行时间相对较长，一般又多是跨时区飞行，因此航空公司会相应增加供餐频次，涉及的餐食种类也较多。如同一航班上既提供正餐又提供早餐或点心餐，满足旅客在不同时段对餐饮的不同需求。因此，国际航线餐饮服务流程相对而言较为复杂。除此之外，国际航班还涉及入境卡的发放、免税品销售、机上多语种广播等诸多服务环节。

3. 国际航线对乘务员语言沟通能力要求更高

在国际航线上，客源更国际化。乘客来自不同的国家或地区，其自身的语言、文化、习俗等与乘务人员差别很大，这就需要空乘服务人员具备不同文化之间沟通交流的能力，因此对乘务员的外语水平要求相对较高，特别是英语听说能力。空乘人员应具备地道的发音，清楚的表达，以及及时、适当的语言回应能力。

4. 国际航线对服务技能要求更高

一般在国际航线上酒类饮品会有所增加，乘务员就需要掌握更丰富的酒类知识，尤其是两舱乘务员；乘务员要对各国风土人情有所了解，尊重不同国家或地区旅客的宗教信仰、饮食习惯等。乘务员需不断与旅客进行沟通，才能真正了解旅客的喜好，并提供相应的个性化服务。

5. 对化解国际旅客问题矛盾的能力要求更高

国际旅客可能由于语言不通、文化差异造成沟通效率下降等问题，导致其往往容易产生焦躁情绪。要使国际旅客在旅程中愉快、自然地配合乘务员的工作，需要乘务员不厌其烦地关注和满足旅客的合理需求，及时化解出现的问题和矛盾，努力营造一种积极解决问题的氛围感染旅客。尤其是在航班飞行不正常、旅客情绪激动的情况下，更需要乘务员以极大的耐心来安慰或感动旅客。了解不同文化背景下相同非言语交际方式的差异，对于避免文化冲突，提高跨文化交际能力具有重大意义。客舱服务中的对象千变万化，乘务员应根据不同服务对象适时调整非言语交际方式，让不同文化背景下的乘客都能体验到温馨的服务，并正确掌握国际乘客通过非言语交际所想表达的意愿。

（二）免税品服务

免税品是国际航班特有的空中服务项目，是旅客享受相关免税待遇的权利。乘务员要了解免税品服务的意义，做好免税品销售服务，让旅客满意的同时，能让公司获得经济利益。不管从经济角度，还是从机上服务水平拓展的范围看，免税品销售都是一项利润颇丰的业务：一方面空中乘务员通过销售免税品，加强了与旅客的交流，提高了空中服务水平；另一方面免税品销售的利润为航空公司创造良好的经济效益。越来越多的航空公司清醒地意识到，免税品服务可以打造品牌，值得进一步大力拓展。免税品服务应该是国际航班上丰富旅客生活的最佳方式之一，将提升旅客对航空公司的服务满意度。

1. 免税品服务的要求

（1）航前准备

① 航前应由乘务长指定两名乘务员负责免税品销售。

② 乘务员要检查免税品车铅封是否完好无损，确认铅封号与核单表（机上免税品出售后填写的表格，用于海关核销进口免税品）一致后，方可打开免税品车。

③ 乘务员应与地面有关人员按核销单进行逐一清点，确认外包装完好、数量正确和当日货币牌价的汇率。

④ 乘务员应对备用金进行清点，做好销售辅助用品的清点，如POS机、打印纸、电池板、计算器、塑封袋、铅封、小折页等。

⑤ 核对完毕，乘务员对免税品车进行上锁并铅封放置在规定位置。

（2）机上免税品销售服务

① 免税品目录应事先插放在旅客座椅袋内，销售服务前应广播介绍免税品的种类及规定使用的货币。

② 乘务员在销售时要提供免税品价格表，介绍免税品的品牌、产地等，供旅客选购时参考。

③ 免税品销售推车应由前向后移动，所有免税品必须商标朝向旅客，摆放整齐。

④ 销售时，按当天汇率准确计算、收取免税品货款。乘务员应具备识别假币的能力。

（3）销售完毕

① 负责销售的乘务员要在落地前完成销售账目核算，将免税品车内物品的数量、种类、铅封号及存放位置记录交给乘务长。

② 乘务长在填好的"核销表"上签名，将乘务联留底备查，并妥善保管免税品车钥匙。

③ 在境外过夜航班，应按照规定要求做好与下一机组的交接，如果没有航班衔接，应指定专人保管账目、现金，免税品车必须上锁和铅封。

2. 免税品服务的注意事项

① *广播通知*。机上免税品销售服务前应广播通知旅客。

② *两舱优先*。两舱旅客可以优先购买，由乘务员向旅客进行介绍，免税品车不得进入两舱区域。

③ *环境控制*。乘务员在进行免税品销售服务时应避免大声喧哗；夜间飞行时销售服

务时间不宜过长，以免影响旅客休息。

④ 清账仔细。负责销售的两名乘务员要熟悉当日汇率比价，必须共同结算，并保证货物、金额无误后签名，不收太脏、太破、字迹模糊的货币及残币。

⑤ 遵守规定。乘务员要掌握各国海关规定，在各国境内飞行期间、地面等待期间不得销售机上免税品。未经当地海关许可，不得打开免税车。

（三）国际航班服务管理的要求

乘务员要严格执行国际航班的管理规定，要了解掌握并严格遵守各国法规要求，尊重各国文化习俗和宗教礼仪，服从机长与乘务长的管理，展示良好的中国乘务员素养；要注意做好国际航班时差的调整和按时休息，以充沛的精力完成航班任务。

1. 做好文件交接

乘务长要认真与地面工作人员做好国际航班文件的交接工作，一般包括：总申报单（简称 GD 单）、旅客名单、卫生检疫放行单、舱单、货单和票证单据等，具有严肃性和法规性要求。一旦发生遗漏或者错误，可能会造成航班滞留等待，甚至旅客无法入境的后果。要确认文件数量和日期、航班号，避免发生遗漏和错收文件的情况。

2. 加强证件管理

护照、通行证等证件是执行国际（地区）航线乘务员的身份证明，在每一次执行国际航班任务时都必须携带，在办理出入境相关手续的过程中，乘务员应自觉出示证件并接受机场官员检查。乘务员在国外要认真保管各类证件、护照和通行证，航班任务结束后必须归还。

3. 遵守规章制度

执行国际航班的乘务员要认真掌握各国 CIQ（Customs 海关，Immigration 边防，Quarantine 检验检疫）规定，严格遵守各国法规、职业道德和外事纪律。尊重当地的工作人员，始终维护国家形象和乘务员的职业形象。执行驻外航班的乘务员在驻外期间必须服从机长的领导，严禁单独外出，如需外出应得到机长同意，回到驻地后及时销假。

思考题

1. 乘务员语言规范概括有几方面？
2. 乘务员应掌握客舱服务专业动作有哪些？
3. 国内航线经济舱服务标准有哪些？
4. 国际航线经济舱服务标准有哪些？
5. 国内航线头等舱服务标准有哪些？
6. 国际航线头等舱服务标准有哪些？
7. 广播服务有哪些要求？
8. 客舱配备的酒类有哪些？供酒方式是怎样的？

9. 饮品服务应注意的事项有哪些?
10. 航空公司主要餐食配备有几种?
11. 特殊餐食的种类有哪些?
12. 经济舱餐饮服务要求有哪些?
13. 音频服务的作用有哪些?
14. 耳机服务要求有哪些?
15. 两舱餐饮服务要求有哪些?
16. 国际航线对比国内航线有哪些特点?
17. 免税品的服务要求和注意事项有哪些?
18. 国际航班服务管理的要求有哪些?

第四章

客舱服务工作程序

第一节
乘务员岗位与职责

保证旅客安全是法律赋予乘务员的最高职责。在执行航班任务过程中应认真执行有关规定。

① 在每次航班飞行中,隶属机长领导,协助机长保证客舱、旅客、货物和飞机的安全。

② 在带班/区域乘务长的领导下开展工作。

③ 维护公司利益,认真处理机上服务及客舱安全有关适宜。

④ 在飞机遇有特殊情况和应急情况下,充分利用机上的应急设备,沉着、冷静地进行处理。

⑤ 在整个飞行期间,做到团结协作,保证服务质量和航班正常。

一、带班乘务长职责

① 在执行航班任务中,带班乘务长应认真执行《中华人民共和国民用航空法》及《公共航空运输承运人运行合格审定规则》(CCAR-121FS)中的有关规定,全程监控服务工作和客舱安全,确保国家财产和旅客的安全。

② 带班乘务长在航班任务中隶属机长领导,协助机长保证旅客、客舱、货物、飞机在正常和应急情况下的安全;维护公司利益,有权处理机上服务及客舱安全的各种事宜。

③ 检查地面准备工作,妥善处理好与相关部门的关系,以保证航班的正点。

④ 负责机上乘客的安全,有权要求旅客严格执行相关的安全规则,遇有特殊、紧急情况及时报告机长,在机长的指示下,指挥乘务员充分利用机上应急设备,保证旅客安全。应急情况下,负责广播。

⑤ 在服务工作中,负责对乘务工作的组织协调、管理,督促乘务员按照规定做好服务工作,及时妥善处理旅客投诉等各种事宜,确保优质服务及客舱安全。

⑥ 认真学习、理解和传达有关服务的规章、业务信息,善于观察、总结服务工作经验,及时反馈各种信息,提出合理化建议。

⑦ 认真核实签收各种文件,负责有关物品的交接,妥善处理与飞行组、地面各部门的关系。

⑧ 认真填写"乘务日志""客舱记录本""问题反映单""重大事件报告单"等单据。

⑨ 依据航班的实际情况,有权更改服务计划,合理调整乘务员的工作区域。

⑩ 掌握了解组员的思想动态、业务能力,有计划地对组员进行培养和考评,对组

员的晋级、提升有建议权。

二、区域乘务长职责

① 在主任乘务长领导下开展工作，协助主任乘务长处理客舱安全和机上服务有关事宜。

② 在服务工作中，除履行本区域的工作职责外，还应对所管辖区域的客舱安全及服务工作进行全面管理，督促该区域乘务员做好服务工作，并将有关事宜及时向主任乘务长汇报。

③ 协助主任乘务长做好对组员的考评、驻外管理及业务学习等工作。

④ 及时向主任乘务长反映各种信息，提出合理化建议。

⑤ 做好乘务员的传、帮、带工作。

⑥ 负责机上娱乐系统的正确操作。

⑦ 负责机上卫生物品的接收和管理。

⑧ 负责机上免税物品的核销和交接。

三、客舱乘务员职责

① 检查落实本岗位内应急设备和服务设备处于良好或待用状态。

② 按照分工负责本区域旅客的服务和安全工作。

③ 依据本公司服务程序开展工作，了解本区域旅客的特殊要求，有针对性地做好服务工作。

④ 负责本区域的客舱、厕所卫生的检查，厕所物品的增添，厕所卫生的清洁，书报杂志的摆放、整理、发送。

⑤ 主动与旅客沟通，介绍相关知识，耐心回答旅客问询。

⑥ 与其他乘务员搞好配合，及时发现并处理客舱中的各类问题，报告带班乘务长，保证信息畅通。

⑦ 负责机上免税品的销售工作。

⑧ 负责保管、交还旅客物品及落地后的客舱检查。

⑨ 做好衔接航班的交接工作。

四、厨房乘务员职责

① 检查落实本岗位内应急设备和服务设备处于良好或待用状态。

② 负责食品、供应品数量和质量的检查。

③ 按规定操作、使用厨房服务设备和应急设备。

④ 起飞、落地前关闭厨房电源，固定好厨房用品。

⑤ 按规定做好餐饮服务的各项准备工作。

⑥ 按服务计划根据旅客情况合理使用供应品。

⑦ 确保厨房、服务用具卫生、整洁，各种物品摆放整齐美观。
⑧ 在做好厨房工作的同时，与客舱乘务员搞好配合，共同完成客舱服务工作。
⑨ 做好交接与回收工作。

五、两舱乘务员职责

除履行客舱、厨房乘务员职责外，还应履行以下职责。
① 检查每个座位的服务系统，操作银幕板或小银幕。
② 为旅客提供姓氏服务。
③ 负责用具、礼品、鲜花及酒类的接收和摆放工作。
④ 保证头等舱/商务舱旅客免税品的优先选择。
⑤ 为旅客提供细微和个性化服务。
⑥ 营造安静、优雅的客舱环境。

六、安全员职责

① 负责领取、携带空防器械，并做好交接工作。
② 负责乘务组成员的国籍（地区）航线护照（通行证）的领取与交接，核实乘务组人数、名单。
③ 全程负责对外来物品和无证人员的监控及清舱工作。
④ 全程监控旅客的动态及驾驶舱门区的安全。
⑤ 紧急撤离时服从主任乘务长/乘务长的指挥并帮助其他乘务员和旅客迅速撤离。
⑥ 处理航班中闹事的旅客、违反航空规定的旅客以及抽烟的旅客。必要时报告机长，通知地面公安协助共同工作，确保飞机上的安全。

七、广播员职责

除履行本区域的工作职责外，还需履行机上广播的任务。
① 登机后，检查并落实广播器处于良好状态并调试音量，正确使用广播设备。
② 按本公司规定的广播内容、顺序，准确、适时向旅客进行中、外文广播。
③ 遇有航班延误、颠簸等特殊情况，及时用中、外文广播通知旅客。
④ 广播时，要亲切、热情，发音准确、清晰，语调柔和，语速、音量适中。

八、B737-800/A320 乘务员岗位职责

B737-800/A320 乘务员岗位职责如表 4-1 所示。

表4-1　B737-800/A320乘务员岗位职责表（4人制）

号位	座椅分布	迎客站位	分离器	工作区域	应急设备检查	检查项目	安全演示任务	安全检查
PS1	L1（里）	L1门	下达口令；L1	管理全客舱；F舱	L1门、L1（里）座椅周围	FAP面板、签收交接文件和物品、F舱服务间设备	广播	前服务间，前洗手间，复查全仓
SS3	L1（外）	3排D座	R1	F舱	R1门、L1（外）座椅周围、F舱（第一排行李架）、F舱卫生间	F舱厨房（餐食、供应品、设备）、F舱卫生间、F舱乘客服务系统及娱乐系统	F舱第一排	一排至翼上出口
SS2	L2	倒数第三排	L2	Y舱管理；Y舱厨房	L2门、L2座椅周围	AAP面板、Y舱厨房（餐食、供应品、设备）	Y舱第一排	后服务间，后洗手间，全仓复查
SS4	R2	翼上出口	R2	Y舱；应急出口介绍	R2门、R2座椅周围、Y舱（最后一排行李架、壁板）	Y舱卫生间、Y舱乘客服务系统及娱乐系统	翼上出口	翼上出口至Y舱最后排

注：仅以国内某航空公司为例，其他航空公司的职责分布会存在差异（如图4-1所示）。

图4-1　乘务员安全演示位置

第二节　客舱服务标准

乘务员的空中服务过程包括预先准备、直接准备、空中实施和航后讲评四个阶段。

一、预先准备阶段

预先准备阶段是乘务工作四个阶段的起始阶段,是指乘务员接受航班任务后至登机的过程。预先准备由个人准备和集体准备两部分组成。

1. 个人准备

航空公司一般在一个月或一周前发布具体的航班计划,主要内容包括以下几项。

① 机型、航班时刻、执飞机组成员名单、起降机场等信息。

② 乘务员除了掌握航班计划任务外,还要了解更新的业务标准、安全规定和近期飞行注意事项。

③ 要复习航线知识,回顾安全规章和各项要求,并在规定的时间内完成航班任务准备。

④ 了解起飞、准备、机组乘车时间,做好预先准备工作。

⑤ 乘务员应于航班起飞前,按规定准时签到,并参加准备会。

⑥ 在执行任务时必须携带的证件及物品(如图4-2所示):登机证、健康证、乘务员训练资格证书、客舱乘务员手册和广播手册、业务资料、服务用品、处于良好工作状态的手电筒以及走时准确的手表、干净平整的围裙和相关备用品等,确保齐全规范。

图 4-2　执行任务时携带的证件及物品

2. 集体准备

(1)**乘务组航前准备会**　一般在航班起飞前2小时左右由乘务长负责组织召开,内容如下。

乘务长对乘务员进行岗位分工,乘务员简述各自岗位职责,共同复习航线地标、航线特点、服务程序、紧急情况处置方法和近期业务通告等。国际航班还包括所飞国家的 CIQ 规定和驻外管理要求,有外籍乘务员时乘务长应用英文准备。

乘务组航前准备会(如图4-3所示)时间一般为20分钟左右,机组成员应在航班起飞前1小时到达飞机。

图 4-3 乘务组航前准备会

（2）**机组协同会** 由机长组织召开的机组共同准备的会议。内容包括以下几项。

① 机组成员介绍。

② 空防预案准备。

③ 正常情况、应急情况下与驾驶舱联络的方式。

④ 航线相关情况通报。

⑤ 应急撤离程序的回顾。

机组协同能够有利于建立乘务组与飞行机组、安全员的良好工作氛围，有利于乘务员掌握最新的航班动态和工作要求。如遇冬季冰雪天气，飞机可能要进行除冰，乘务员事先了解信息后，就可以及时做好服务工作准备；如飞行机组告知航线中存在颠簸区域，有发生颠簸的可能，乘务组就能够及时进行颠簸广播，提醒旅客做好防范措施，避免旅客受伤。

二、直接准备阶段

直接准备阶段是指乘务员登机后至飞机起飞前的准备工作过程。乘务员要根据各自号位职责，严格按照规定完成各项设备检查、机供品交接和客舱清舱等工作，做好旅客登机前的准备。

（一）乘务员登机后的工作

① 机上设备检查。机上各类设备的完好状况直接影响到空中安全服务的质量，对设备进行全面检查是乘务员登机后的"首要工作"。乘务员登机后要根据各自号位的职责对负责区域的紧急设备数量及待用状态、客舱设备完好状态、客舱清洁状况进行全面检查，完成检查后向乘务长进行汇报。

② 乘务长应核查"客舱记录本"中的故障维修情况。

③ 全体乘务组成员要对责任区域内的氧气瓶、灭火瓶、急救箱、应急医疗箱、安全带（加长安全带、婴儿安全带）、救生衣（婴儿救生衣）、机组座位、旅客座位、安全须知卡、安全演示用品、录像设备、乘务员服务面板、舱门、烤箱和盥洗室等项目进行检查；对设备的检查要严格按照手册要求，认真检查，避免存在安全隐患和不利因素，

如图 4-4 所示。

④ 乘务员一旦发现所属区域设备不符合要求，需立即报告乘务长，请机务维修人员进行检修。如设备一时无法修复，要及时报告机长。

⑤ 机供品交接是直接准备阶段重要的工作，乘务员要按照分工对航班配备的各类机供品进行清点、核查、签收、报告与准备。工作包括以下内容：

根据职责签收耳机及卫生用品，并负责卫生间物品的摆放；

厨房乘务员检查厨房设备及各种服务用具是否处于良好状态；

厨房乘务员检查、签收供应品、餐饮的种类、数量、质量并报告带班乘务长；

图 4-4 安全设备检查

将所有需要冷藏的食品、饮料、酒类进行冷藏。

⑥ 乘务员做好最后的清舱工作，并报告乘务长。清舱是指在每一航段旅客登机前和下机后，乘务员都应该确认客舱内无与飞行无关的外来人员、外来物品的过程。清舱结束后乘务员要向乘务长进行汇报。

检查区域有驾驶舱、厨房、盥洗室、行李架、储藏柜、餐车和机供品箱等位置。

检查要求乘务员应逐一打开所有存储空间，确认各部位无不明性质的外来物；检查登机人员许可登机的证件，确认无外来人员。

过站航班过站期间留在飞机上的过站旅客和行李通常不需要进行再检查。

清舱工作应根据空防安全要求来认真执行和全面落实，避免存在走过场的现象。

⑦ 服务准备。准备迎宾饮料、毛巾，摆放整齐书报杂志，摆放卫生用品，做好毛毯、拖鞋、衣架等各项事先准备工作；服务准备很重要，既为后续的客舱服务创造有条不紊的服务条件，又能为旅客踏入客舱，留下良好的第一印象。服务准备一般包括以下几点。

旅客座椅，旅客座椅的安全舒适和干净卫生是旅客最关注的（乘务员要检查座椅清洁，调直座椅靠背，将安全带平整放于座位上，放下扶手，座位区域无尖锐物品，防止旅客受伤和衣物污染）。

座椅袋，旅客入座后一般会先打开座椅前方的座椅袋，翻阅杂志，放置随身物品。乘务员要确保座椅袋内没有纸屑、残留的食品或污物，杂志无污损卷边和残缺；要保证座椅袋内安全须知、意见卡、清洁袋等一应俱全；同时，在应急出口座位的座椅袋内必须插放"应急出口须知"。

旅客服务设施，一般包括阅读灯、呼唤铃、通风器以及禁止吸烟、系好安全带标志灯。乘务员要注意检查旅客服务设施的完好，并保证其能正常工作。

调亮客舱灯光，打开遮阳板与行李架，客舱无异味、地面清洁无污物，准备登机音乐广播。

⑧ 地面各项检查、准备工作完成后，应向带班乘务长汇报。

（二）旅客登机服务

旅客一般在航班起飞前 30 分钟开始登机，乘务员应各就各位站在自己的工作区域内，面带微笑主动问候，使用敬语热情迎接旅客的到来（如图 4-5 所示）。乘务员要认真核对乘机人数，避免旅客登错飞机。

图 4-5　乘务员站位迎客

1. 热情迎导

乘务员要对登机的旅客热情问候，及时引导旅客入座，避免过道堵塞，导致后续旅客登机时间过长。在执行双通道的机型时，乘务员要做好旅客座位所在通道的指引，及时做好旅客分流，保证过道的通畅。

2. 安放行李

乘务员要积极帮助旅客安放手提行李，要及时整理行李架，腾出空间供旅客摆放。行李存放应符合安全规定，放置在许可的储藏区域内。乘务员如发现超出规定而不能存放的行李要及时通知乘务长，呼叫地面工作人员到场，按要求办理托运手续，并将行李牌交予旅客。

3. 特殊旅客

乘务员要主动帮助特殊旅客登机，热情引导入座，安放行李，提供毛毯等物品。必要时向特殊旅客个别介绍紧急设备的使用及乘机注意事项。

为障碍性乘客做安全介绍，包括以下内容。

（1）"安全须知"卡介绍　"安全须知"卡存放于乘客座椅前方的口袋里；"出口座位须知"卡放置于出口座位前的口袋里。

"安全须知"卡提供的信息如图 4-6 所示。

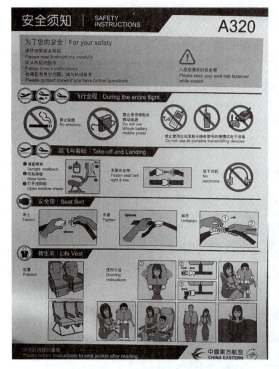
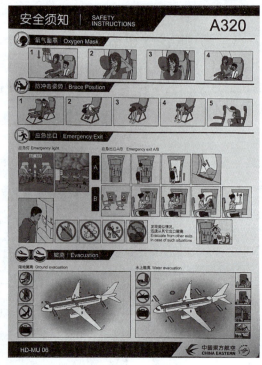

图 4-6 "安全须知"卡

① 系好安全带及解开安全带的说明。
② 应急撤离通道及路线指示灯。
③ 插图描绘出口手柄移动的方向。
④ 应急撤离滑梯的使用方法。
⑤ 安全姿势。
⑥ 氧气面罩的位置及使用方法。
⑦ 救生衣的使用及表明不得在客舱内充气,但儿童除外。
⑧ 救生船的位置,使用前准备工作,充气和下水,表示下水位置。
⑨ 坐漂浮垫的位置和使用方法。
⑩ 禁止摆弄、损害或毁坏飞机洗手间内烟雾探测器。
⑪ 禁止吸烟。
⑫ 起飞和着陆时,收直座椅靠背,小桌板扣好。
⑬ 应急出口及过道禁止摆放行李。
⑭ 禁止电子设备的使用。
(2) 应急出口和备用出口的位置及使用。
(3) 氧气面罩的使用。
(4) 安全带的使用。
(5) 救生衣的使用。
(6) 应急撤离要求。

① 指令识别；
② 在所有乘客或绝大部分乘客撤离之后，离机；
③ 需在援助者帮助下撤离。

4. 两舱旅客

乘务员在迎接头等舱和公务舱旅客时应第一时间掌握旅客的座位号、姓氏、称呼和职务，提供姓氏尊称服务；主动帮助提拿行李、挂放衣物，并做好自我介绍；在地面等待时应提供热毛巾、迎宾酒（香槟）、饮料、拖鞋、牙具、耳机、餐谱、阅读物等服务。

5. 应急出口座位评估

负责应急出口的乘务员应对每一位坐在应急出口座位的旅客进行目视评估，包括使用"应急出口须知"向旅客简介出口座位要求，请旅客阅读"应急出口须知"；确认旅客是否符合出口座位安排要求，确认在紧急情况发生时能否履行其职责，对于不符合要求的旅客或提出需要调换座位的旅客应及时调整座位（如图4-7所示）。

图 4-7　应急出口座位评估

应急出口座位介绍

女士/先生，您好！

您就座的是本架飞机的应急出口座位，在此区域不要摆放任何行李物品。正常情况下请勿触动舱门操作手柄，在紧急情况下您愿意协助我们打开这个应急出口，协助旅客撤离吗？这是《出口座位旅客须知卡》请您仔细阅读。如有需要，请与我们联系。谢谢。

Madam/Sir:

Here is the emergency exit seat of this aircraft. Emergency exit area should be clear of baggage. Please don't touch the exit control handle in normal situation. In emergency, would you like to help us by opening this exit and help other passengers evacuate? Here is the Emergency Exit Safety Instruction, please read it carefully. If you have any questions, please contact us. Thank you!

翼上应急出口介绍

先生（女士），我所说的内容您是否完全了解？（只有得到旅客肯定的答复后整个介绍过程才算结束）。

（旅客不适合坐在这个位置时）对不起，这是应急出口座位，按照有关规定，您不适合坐在这里，我为您调换一下好吗？

Excuse me, Sir/Madam, May I have your attention please? You are seated at an emergency exit, please listen carefully while I explain to you the operation of the exits. In normal situation, please do not operate the handle and help us monitor the exits during the flight in case they are being accidentally pulled by others. You will be required to assist us by opening these exits in the event of an emergency and help other passengers evacuate as quickly as possible. Please now study the instructions on this safety card. If you believe you are not capable of operating these exits, or you are not willing to sit here, please inform us, we will reseat you. The tray table is folded inside your armrest, please stow it properly while it is not in use, so that the aisle can be cleared. Your luggage can not be stowed under the seat in front of you during the entire flight. There is one escape lanyard placed in each overhead compartment above seat 9ABC and DEF. Thank you for your attention.

Do you have any questions? Are you willing and able to help if required?

（旅客不适合坐在这个位置时）Sorry, you are not permitted to be seated at the emergency exits based on safety considerations. Please allow me to reseat you.

（三）机门关闭前的工作

① 使用 PA 发出"请客舱乘务员做好客舱行李确认"的指令，对客舱内的手提行李进行确认。

② 确认所有非托运行李合理存放，行李架关好，确认出口畅通，并报告客舱经理/乘务长。

③ 与地面工作人员核对旅客登机数与舱单上的旅客数相符，确认所有人员已登机（包括所有机组人员）、无关人员已下机、所有非托运行李已收藏好、应急出口座位处旅客的符合性已确认评估，规定的文件资料都已到齐，报告机长一切准备就绪，请示关门，得到机长允许后方可关门。

（四）机门关闭后的工作

① 听从客舱经理/带班乘务长的指令，按"各机型分离器操作程序检查单"操作滑

梯预位并相互检查。

　　a. 关机门后，客舱经理/乘务长使用 PA 发出"各号位乘务员请准备，到位监控，滑梯待命，相互检查"的指令，完成滑梯待命工作。

　　b. 乘务员确认机门已在锁定位，根据指令按"两人制"要求操作滑梯待命，并用内话机和客舱经理/乘务长进行确认："×号门，预位完毕。"

　　c. 客舱经理/乘务长通过内话机与各负责机门的责任乘务员进行滑梯待命的确认，报告机长。

　　② 进行安全演示。每一航段起飞前，乘务员通过播放录像或直接演示的方式向旅客做好各项安全简介，播放录像或直接演示期间，客舱内停止一切服务程序，乘务员应加强客舱监控，提醒旅客观看安全简介，如图4-8所示。

图 4-8　安全演示

内容包括以下几项。

a. 安全带的操作。

b. 应急出口的位置。

c. 氧气面罩的使用。

d. 吸烟规定。

e. 收直椅背，扣紧餐桌。

f. 乘客"安全须知"卡。

g. 滑梯的使用。

h. 应急撤离路线指示灯。

i. 延伸跨水飞行或距最近的海岸线93公里(50海里)的飞行，需介绍救生设备、救生船(筏)和其他漂浮设备的位置及操作方法。

安全演示广播词

女士们、先生们：

现在由客舱乘务员向您介绍救生衣、氧气面罩、安全带的使用方法和应急出口的位置。

Ladies and Gentlemen:

We will now explain the use of the life vest, oxygen mask, seat belt and the location of the exit.

救生衣在您座椅下面的口袋里。

Your life vest is located under your seat.

使用时取出，经头部穿好。

To put the vest on, slip it over your head.

将带子扣好系紧。

Then fasten the buckles and pull the straps tight around your waist.

然后打开充气阀门，但在客舱内不要充气，充气不足时，请将救生衣上部的两个人工充气管拉出用嘴向里充气。

To inflate pull the tabs down firmly but don't inflate while in the cabin. If your vest needs further inflation, blow into the tubes on either side of your vest.

氧气面罩储藏在您座椅上方，发生紧急情况时，面罩会自动脱落。氧气面罩脱落后，用力向下拉面罩。请您将面罩罩在口鼻处，把带子套在头上进行正常呼吸。

Your oxygen mask is in a compartment above your head, It will drop automatically if oxygen is needed, pull the mask firmly toward you to start the flow of oxygen . place the mask over your nose and mouth and slip the elastic band over your head. Within a few seconds, the oxygen flow will begin.

在您座椅上备有两条可以对扣起来的安全带，当飞机在滑行、起飞、颠簸和着陆时，请您系好安全带。解开时先将锁扣打开，拉出连接片。

In the interest of your safety, there are two belts on the side of your seat that can be buckled together around your waist .Please keep them fastened while the aircraft is taxing, taking off, in turbulence and landing. To release lift up on the top place of the buckle.

本架飞机共有6个应急出口，分别位于前部、后部和中部，在客舱通道以及出口处还有紧急照明指示灯，在紧急情况下请按指示路线撤离。在您座椅背后的口袋内备有说明书，请您尽早阅读。谢谢！

There are six emergency exits on this aircraft, They are located in the front, the rear and the middle sections.Please follow the emergency lights, which are on the floor and the exit to evacuate when emergency evacuation. For further information you will find safety instruction card in the seat pocket in front of you.Thank you!

③ 厨房乘务员检查厨房物品已放置稳妥；客舱乘务员按"飞行乘务员手册"中安全规则要求，在起飞、下降前进行客舱安全检查，一般称为"十三项安全检查"，包括以下内容（如图4-9所示）。

起飞降落前客舱安全检查

a. 要求旅客将便携式电子设备的电源置于关闭状态。
b. 所有旅客就座并系紧安全带、婴儿安全带系紧或由成人抱好。
c. 无人就座的空座位，应将其座位上的安全带固定好。
d. 确认旅客行李物品存放妥当，所有行李架关闭。
e. 通道、应急出口处不得摆放行李物品。
f. 小桌板收直扣好，座椅靠背调直，脚蹬收起。
g. 旅客座位上无饮料杯、餐具等杂物。
h. 门帘、窗帘打开并固定。
i. 窗口遮阳板收起。
j. 关闭厨房电源。
k. 固定厨房、盥洗室的设备和物品。
l. 盥洗室无人占用并锁闭。
m. 录像显示器复位，可伸展至通道的电影屏幕收藏好。

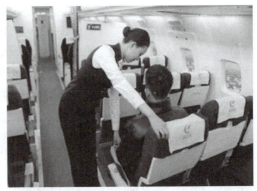
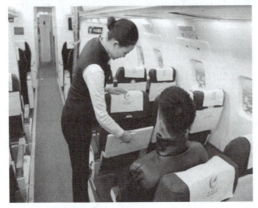

图 4-9 客舱安全检查

地面安全检查用语：
a. 请系好安全带！
b. 请调直您的座椅靠背！
c. 请您收起小桌板！
d. 请您帮我把遮光板打开，谢谢！
e. 请关闭手机！

f. 请问，卫生间有人吗？

④ 起飞前广播通知旅客再次确认系好安全带，乘务员系好安全带，等待起飞。

三、空中实施阶段

空中实施阶段是乘务工作的重要阶段，是切实体现乘务员的职业素养和专业技能的阶段，更是旅客对航班安全与服务品质留下深刻印象的主要阶段。乘务员热情周到的服务和稳定的安全保障能够使旅客获得愉快的乘机体验。

1. 客舱服务

① 起飞后介绍航线及服务项目。
② 细微服务。
③ 根据航线和服务标准，全程提供娱乐节目。
④ 厨房乘务员根据客舱服务标准做餐饮前的准备工作。
⑤ 客舱乘务员可根据各航段、客舱标准为旅客提供酒水服务。
⑥ 根据各航段、客舱供餐标准为旅客供餐，特餐优先提供。
⑦ 整理客舱。
⑧ 落地前准备工作。
⑨ 回收或交接工作。

2. 细微服务

① 与旅客适时沟通。
② 保持客舱、卫生间干净、整洁。
③ 遮光板服务。
④ 及时处理旅客呼叫。
⑤ 为需要摇篮的婴儿支起摇篮。
⑥ 为旅客发放报纸、调节阅读灯。
⑦ 对需要照顾的老、幼、病、残、孕等特殊旅客提供及时周到的服务。
⑧ 值班时，乘务员应注意客舱灯光、温度的调节，要经常巡视客舱，注意观察旅客的需求，提醒睡觉的旅客系好安全带，以防颠簸。乘务员工作时脚步要轻，以免影响旅客休息。
⑨ 为旅客添加毛毯、小枕头等。
⑩ 巡视客舱，随时观察旅客的需求。
⑪ 及时收回旅客用过的杯子，随时更换清洁袋。
⑫ 帮助旅客调节视/音频系统。

3. 乘务组交接工作的要求

① 各号位按规定准确填写"交接单"。
② 各位置按各段配备数量，按规定预留机供品。
③ 将厨房的服务用品、冰箱、储藏箱等清理干净，物品按规定摆放整齐。

④ 所有的备份箱、礼品车、酒车需签封并填写签封号。

4. 落地前的工作

① 根据到达国家规定，在落地前 30 分钟进行广播，并喷洒药物。
② 落地前 20 分钟进行下降广播，并向旅客鞠躬示意。
③ 客舱乘务员按"飞行乘务员手册"中安全规则要求进行客舱安全检查。
④ 归还为旅客保管的衣物。
⑤ 整理客舱，清理旅客用过的寝具、杂物等。

5. 落地后的工作

① 归还为旅客保管的行李等。
② 飞机停稳后，听从带班乘务长指令解除滑梯预位并相互检查。
③ 乘务员站在各自的位置上欢送旅客离机。
④ 按"飞行乘务员手册"中安全规则要求进行客舱检查。

四、航后讲评阶段

飞行服务工作结束后，乘务组和机组协调，将当日航班中的服务情况及特殊事件处理情况向机长汇报，并询问机长对当日所飞航班的评价及以后需注意的事项，总结经验，吸取教训，将具体情况反馈到"乘务日志"上。

讲评阶段，乘务组成员应将航班中遇到的各种情况和处置方式进行充分的信息沟通，分享成功的经验，提出相关注意事项；向乘务长提出有关航班安全服务质量改进的建议，通过有效的沟通建立良好的工作氛围。乘务长应认真总结航班安全服务工作的完成情况，表扬激励优秀的乘务员，点评航班服务中的典型案例，针对存在的问题和需要改进的方面提出要求，通过相互反馈和交流，不断提升乘务员的业务能力。

航后讲评阶段汇集了航班服务过程中的各种信息，是回顾航班整体质量，持续改进提高的阶段。做好航后讲评，有助于乘务员相互借鉴学习，明确努力方向，从而不断提高航班的安全管理和服务质量。

第三节
客舱服务管理

一、客舱灯光调控

① 旅客登机之前，客舱灯光调至"亮"挡。
② 播放安全须知时，飞机起飞前，将客舱灯光调至"暗"挡。
③ 飞机起飞"系好安全带"灯灭后，客舱灯光调至"中"挡。

④ 提供餐时，餐后发放和填写 CIQ 表格及出售免税品期间，客舱灯光保持"中"挡。
⑤ 夜航飞行或播放电影时，客舱灯光调至"night"挡，打开门槛灯。
⑥ 夜航飞行开第二餐前 10 分钟，客舱灯光调至"暗"挡，5 分钟后，再调至"中"挡。
⑦ 飞机着陆前安全检查后，将客舱灯光调至"暗"挡，飞机着陆停稳后调至"高"挡。
⑧ F/C 舱灯光在有条件的机型单独控制。

二、厨房灯光调控

① 旅客登机、下机时，厨房灯光调至"高"挡。
② 飞机起飞、下降期间，厨房灯光调至"暗"挡。
③ 起飞后工作期间，厨房灯光调至"高"挡。
④ 夜航飞行值班期间，厨房灯光调至"关"挡，打开工作灯。

三、客舱温度调控

① 白天飞行，客舱温度调至 18～22℃。
② 夜间飞行及旅客休息时客舱温度调至 22～24℃。

四、厨房管理

① 按要求操作服务设备，起飞、降落时必须将所有厨房电源关闭。
② 按照装机图和物品摆放位置的要求，放置供应品和食品。
③ 不要把塑料、纸类、棉织品等物品放在烤炉和保温箱内。
④ 厨房内所有服务用具要轻拿轻放。
⑤ 厨房内餐车、储藏箱、柜的门，用后随手关闭、扣好，注意轻开轻关。
⑥ 冷、热食品及用具要分开冷藏或加温，保证凉的要凉，热的要热。
⑦ 乘务员在烘烤餐食和供餐前将手清洗干净。
⑧ 不要将油状液体（色拉油）、牛奶、果汁倒入水池，保持下水道畅通，池内无杂物。
⑨ 保证厨房内的冰箱、烤炉、保温箱、用具干净、无污渍。
⑩ 保持厨房内台面、地面整洁。
⑪ 根据所飞国家的要求，对垃圾进行分类放置。

五、客舱环境管理

① 离港前客舱的地面、壁板、玻璃窗、座椅、行李架、衣帽间等清洁。
② 座椅背后口袋里需配备的物品按规定摆放整齐。
③ CIQ 表格、乘务员个人装备等应放在规定的位置。
④ 随时将旅客用过的毛毯进行整理。

⑤ 及时将旅客用过的物品收回，保持客舱整洁。
⑥ 着陆前，收好报纸、杂志并放在书报架上。
⑦ 离开飞机前，所有用品必须放到规定的位置。

六、卫生间环境管理

① 离港前要保证卫生间里的镜面、台面、地面、壁板、马桶内外干净、无污渍，废纸箱无杂物、异味（如图4-10所示）。

② 鲜花、护肤品及卫生用品按规定摆放整齐。

③ 飞行中，乘务员负责洗手间的清洁，保证镜面、台面、地面、马桶周围干净。

④ 及时补充服务用品、手纸叠成三角形，更换马桶垫纸 (F/C舱)。

⑤ 严禁将咖啡、果汁、冰块倒入马桶里。

⑥ 着陆前，把马桶盖盖好，将无法固定的物品收好。

图4-10　清理台面

七、为旅客保管物品的原则

① 为F/C舱旅客保管衣物时，需确认衣服口袋内无贵重物品，如钱包、首饰、护照等。

② 原则上不要为旅客保管贵重及易碎的物品，如不能推辞要婉言向旅客讲明责任。

③ 为旅客保管的冷冻食品，要了解冷冻的程度，如果需要干冰冷冻，但又不能解决干冰的问题，要向旅客讲明，降落前10分钟交还旅客。

④ 为旅客保管的物品要做到全程负责，如果中转站不换乘务组，该乘务组要负责保管好，避免地面人员误拿。如果中转站换组，须将物品归还旅客，并建议旅客交下组乘务员保管，以免丢失。

八、特殊行李占座的规定

① 一般情况下，航空公司不允许在飞机客舱内装载行李。行李需占座时，旅客应在订座时向工作人员提出，经航空公司同意，占座行李要有带座位号的登机牌。

② 客舱中限装运易碎及贵重物品，占座行李的重量不得超过75千克，体积不得超过20厘米×40厘米×55厘米。

③ 占座行李的高度不允许超过客舱窗口的高度及不得遮挡任何旅客告示和出口标志。

④ 占座行李不能利用应急出口座位，不能妨碍和堵塞任何应急出口和客舱通道。

九、播放登机音乐的规定

① 按公司规定和要求播放指定的音乐。

② 旅客登机时，播放音乐，音量以不影响两人交谈为宜。
③ 旅客登机完毕关机门后，关闭音乐。
④ 飞机降落滑行时，播放音乐。
⑤ 旅客下机后关闭音乐。

十、机内广播规定

① 负责广播的乘务员，必须经过专门培训，取得广播资格证书后方可上岗。
② 保证部分相应的航线有相应语种的广播。
③ 广播用语准确、规范，使用专用的广播词，广播员语言亲切自然，音量适中（如图4-11所示）。
④ 广播语种顺序：中文、英文、相应语种。
⑤ 夜航或头等舱、公务舱旅客休息时，在条件允许的情况下，根据机型分舱广播。

图 4-11 广播

⑥ 长航线的夜航飞行，中途开快餐时，可以不进行餐前广播。
⑦ 遇有航班延误及时广播通知旅客。
⑧ 带班乘务长要监督、指导广播的实施。
⑨ 紧急情况下，带班乘务长负责广播。

十一、对飞机喷洒药物的规定

① 对飞往美国、法国、英国、澳大利亚等国家或由国外飞抵国内某地区的飞机需喷洒药物。
② 带班乘务长/区域乘务长负责接收、清点药物。
③ 检疫放行单在国内出境站提供，由带班乘务长/区域乘务长负责交接。
④ 澳洲药物有三种，分别为货舱、客舱、卫生间。按照药物要求进行喷药（货舱喷药由货运人员负责）。
⑤ 降落前30分钟，广播实施喷药，喷药完毕需将空瓶、相关单据统一由带班乘务长与检疫部门交接。

十二、货单的签收交接

① 由货运值机员将货单送上飞机，带班乘务长签收。
② 到达站后由货运员取走。
③ 贵重、重要物品由货运员送上飞机交机长签收。

十三、业务袋的签收交接

① 业务袋内装有旅客名单、舱单（有ACAS系统的机型除外）、载重表、总申报单、

到达国 CIQ 单和国际航班中途降落国内的航段配有关封。

② 由配载人员送上飞机，带班乘务长按检查单检查齐全后签收。

③ 到达外站后交地面值机人员。

④ 国际航班到达国内第一站，在总申报单上填写过站人数、到达人数、客人总数、机组人数并签名，填写四份，分别交边防、海关、检疫等部门。

第四节 客舱服务流程

乘务员客舱服务模拟程序（四人组）如下。

PS工作程序

一、航前准备阶段

1. 参加航前准备会

2. 进场及登机

二、直接准备阶段

1. 放置个人物品

2. 检查应急设备

L1 门开着的，机门无破损无夹带，L1 门手柄打开，门锁手柄关闭，滑梯手柄在解除预位状态，指针指向绿色 DISARMED 字样。

3. 检查客舱设备

FAP 面板是否正常使用（配电板、广播器、MP3；麦克风、灯光、音乐是否正常），乘务员座椅下（手电筒、救生衣、释放器）；座椅靠垫、安全带有弹力，处于适航状态。前舱服务间设备（烤箱、热水器、烧水杯、储物柜、餐车刹车）正常。

4. 航前清舱检查

前服务间、前洗手间有无外来人、外来物。

5. 检查客舱卫生并签收

总体负责签收，前服务间、前洗手间检查，总体监控（VIP 身份确认签字、航食签字、客舱卫生检查）。

6. 清点、检查机供品、餐食数量和质量

得到 SS2、SS3 汇报后，核对，签收。清点程序结束。

7. 迎客前准备

① PS 向机长报告："报告机长，客舱工作准备就绪，应急设备、客舱设备检查完毕，机上无外来人、外来物，旅客是否可以登机。"

机长批准"OK"。

② PS 用"8"号键向全体乘务员广播："请乘务员各就各位，旅客准备登机。"

③ 播放登机音乐（music——801——enter——start），调亮顶灯。监控准备情况。

8. 旅客登机

① 迎客，PS 站在 L1 门。清点旅客人数。

② 旅客上齐后，PS 广播（防登错机广播）。

9. 关闭舱门

① SS2 向 PS 报告人数情况，PS 与地面、舱单、SS2 的人数核对齐后，确认舱单、货单、人员到齐，无外来人、外来物后，向机长请示关门。

（这时要大声说出来："关闭舱门。"再做动作。）

② 关闭舱门后，SS3、SS4 要先后向 PS 汇报应急出口的状况。

③ 关闭登机音乐，用"8"键广播："请乘务员将滑梯预位，交叉检查！"

（L1—L2；R1—R2 相互交叉检查舱门状况。）

10. 欢迎词、关闭电子设备、安全演示

（同时，3、4 号巡舱查手机、安全带等，到前厨集合，准备演示包。）

11. 安全演示广播（广播词详见本章第二节内容）

12. 巡视客舱

PS 复查，检查舱门、前服务间、前洗手间，复查全舱，2、4 号检查后服务间、后洗手间，PS 与 2、4 号沟通。

13. 起飞前广播

调暗客舱灯光，进行全客舱广播。

三、空中实施阶段

1. 起飞后3分钟广播

2. 准备餐饮服务（餐饮广播）

PS 调整客舱灯光在"中"，拉上帘子准备餐饮服务，因模拟的全部是普通舱，由 SS2、SS4 从后舱推来一餐车。所以在 SS3 发报纸期间，PS 负责准备 1 排——应急出口的旅客的餐食。（1号负责头等舱至普通舱一排，3号帮助1号准备餐食。）

3. 提供意见卡和航空公司会员卡

注意手势，可与SS3、SS4配合来分发。

4. 巡舱细微服务

注意观察旅客，为休息的旅客送毛毯、枕头，关闭通风孔；为阅读的旅客打开阅读灯；拉遮光板，与旅客沟通；收取杂物；打扫卫生间。

巡舱时用托盘携带茶水或矿泉水，或收取杂物。

（机上活动：拍卖、销售、兑奖）

5. 落地前40分钟

监控客舱茶水用量，及时补充。SS3、SS4送下降水，可用托盘直接托4~6杯水，或用水壶及水杯来送。

回收意见卡、毛毯等。等SS2汇报回收情况。

6. 落地前20分钟（广播）

7. 巡舱检查

PS进行客舱检查，检查旅客是否系好安全带，座椅、小桌板、电子设备等是否按要求操作，进行全舱确认。

8. 着陆前广播

乘务员把帘子扣好，回到座位系好安全带坐好，PS调暗客舱灯光。

9. 终点着陆

先广播，关车后，PS用"8"键向乘务员下达口令："请乘务员解除滑梯预位，交叉检查！"

PS得到SS2汇报后，调亮客舱灯光，播放音乐，打开舱门，全体乘务员送旅客下机。

10. 清舱

四、航后讲评

SS2工作程序

一、航前准备阶段

1. 参加航前准备会

2. 进场及登机

二、直接准备阶段

1. 放置个人物品

2. 检查应急设备

L2、R2 门区：处于关闭状态。滑梯气瓶压力指针指向绿色区域；舱门无破损，无任何夹带物，密封良好；滑梯处于 DISARMED 解除预位状态（绿色）；舱门无障碍物；滑梯手柄开，门锁手柄和舱门控制手柄关。

乘务员座椅：安全肩带弹力良好；安全扣能使用；座椅弹力良好，能复位；头垫粘贴好；座椅下方有救生衣、氧气面罩开启器。

3. 检查客舱设备

后服务间：配电板、广播器、MP3 等。

4. 航前清舱检查

后服务间、后洗手间（无外来人、外来物，卫生良好；设备良好，物品整齐）。

5. 后舱清点餐食、机供品

接受 4 号报告，报告乘务长。

6. 后舱餐食、机供品准备

7. 迎客前准备

后舱清舱处理，锁闭后洗手间。

8. 迎客，清点人数

站位在倒数第三排。从后往前查人数，报告乘务长（口头）：今天旅客人数是××人。关闭行李架。

9. 滑梯预位

关舱门，滑梯预位，和 SS4 做交叉检查，对前舱汇报："操作完毕"。

10. 检查厨房电子设备的关闭情况

11. 与SS3、SS4完成安全演示

12. 安全检查

后服务间、后洗手间检查、全舱复查。

13. 起飞前准备

回到自己座位坐好。

三、空中实施阶段

① 开电源，展开门帘，开启后舱卫生间的门。
② 准备后厨房的餐食、供应品等。

③ 餐食服务。
④ 回收，对所提出的意见和建议及时处理。
⑤ 监控客舱茶水用量，及时冲泡予以补充。
⑥ 回收到后舱后清点，向乘务长汇报（按 5 号键）。
⑦ 安全检查。
⑧ 门帘收起扣好。
⑨ 滑梯解除预位。滑梯解除预位后和 SS4 做交叉检查，对前舱汇报："操作完毕"。
⑩ 送旅客下飞机。清舱。

四、航后讲评

SS3工作程序

一、航前准备阶段

1. 参加航前准备会

2. 进场及登机

二、直接准备阶段

1. 放置个人物品

2. 检查应急设备、服务设备

检查工作紧急设备、前洗手间灭火装置、烟雾探测器、一排 ABC 座椅上方麦克风、2 个安全演示包、3 个加长安全带、氧气瓶；一排 DEF 座椅上方海伦灭火瓶、防烟面罩、生化隔离包；检查 1 排——应急出口旅客组件、安全须知卡。

3. 舱前清查、卫生检查

前洗手间清查，1 排——应急出口、客舱卫生。

4. 清点、检查机供品、餐食数量和质量

前舱机供品、机组餐食清点。

5. 迎客前准备

前舱清舱整理、锁闭洗手间、清舱准备、准备完毕后，汇报乘务长。

6. 迎客和清点人数

3 排 D 座，配合 2 号清点人数，介绍应急出口座位。

7. 关闭舱门

向乘务长汇报应急出口座位情况："报告乘务长，应急出口介绍完毕，无特殊旅客，报告完毕。"取下安全演示包，放在服务间。

8. 滑梯预位

关舱门，滑梯预位，和 PS 做交叉检查。

9. 安全演示

1 排——应急出口确认电子设备关闭，演示站在第一排。

10. 安全检查

1 排——应急出口、前服务间餐车和备份格的锁扣扣好，热水器关闭，检查并锁闭洗手间。

11. 起飞前准备

回到自己座位坐好，监控旅客有无起身情况。

三、空中实施阶段

1. 起飞后3分钟广播

2. 安全带信号灯

展开门帘，打开热水器，打开洗手间门，摆好洗手液。

3. 报纸服务

与 SS4 一起出客舱提供下报纸服务。

4. 餐饮服务和收餐

与 PS 配合负责 1——应急出口。

5. 提供意见卡和航空公司会员卡申请表并回收

对所提出的意见和建议及时处理。

6. 巡视客舱细微服务

注意观察旅客，为休息旅客提供毛毯、关闭通风口、阅读灯，为阅读旅客打开阅读灯等，收取杂物，巡舱时使用小托盘携带茶水及矿泉水。

7. 落地前40分钟加茶水

用小托盘摆好茶壶及水杯，由 1 排——应急出口进行添加。

8. 落地前30分钟

收取毛毯、枕头，收杯子、卡，收起门帘扣好。

9. 落地前20分钟广播，安全检查

10. 滑梯解除预位

滑梯解除预位后和 PS 做交叉检查，汇报："操作完毕"。

11. 送旅客下飞机并清舱

四、航后讲评

SS4工作程序

一、航前准备阶段

1. 参加航前准备会
2. 进场及登机

二、直接准备阶段

1. 检查客舱应急设备、服务设备完好

ABC：急救药箱；DEF：人工呼吸器、发报机、麦克风；ABCDEF壁板分别有2个氧气瓶；后洗手间灭火装置、烟雾探测器。

应急出口——最后一排旅客服务组件；呼唤铃阅读灯；通风孔；座椅靠背；小桌板；行李架；遮光板；安全带。

2. 航前清查、卫生检查

后洗手间清查（台面、镜面、马桶、地板卫生、垃圾箱已更换），应急出口——最后一排检查旅客座椅内安全须知卡。

3. 清点检查机供品

毛毯——条；报纸数量——种类——份；日期；询问前舱所需要的机供品数量，负责传递；汇报给SS2。

4. 迎客前准备

整理仪容仪表；汇报给SS2。

5. 迎客

站在应急出口处，为旅客做应急出口座位介绍，三名旅客上齐后集体做介绍。站在应急出口监控直至关闭舱门。

SS3介绍完毕，然后取下安全演示包，放在前厨房。

6. 关闭舱门

关门后立即向乘务长汇报应急出口介绍情况，有无特殊旅客。

7. 滑梯预位

关舱门，滑梯预位，和SS2做交叉检查。

8. 安全演示

最后一排到应急出口，检查电子设备，到前舱准备安全演示。

9. 安全检查

应急出口至最后一排；行李架；座椅靠背；遮光板；小桌板；安全带；客舱通道；后舱洗手间；洗手液；马桶盖。

10. 起飞前准备

回到自己座位坐好，监控旅客有无起身情况。

三、空中实施阶段

1. 起飞后3分钟广播

2. 安全带灯熄灭，打开洗手间；热水器；餐车推至前舱（报纸、冰块）

3. 报纸服务

与 SS3 配合做报纸杂志服务。

4. 餐饮服务

送餐：穿围裙，最后一排——应急出口。

收餐：拿大托盘由前往后收物。如果用餐车收餐，SS2 套垃圾袋，SS4 给旅客加茶。

5. 提供意见卡、航空公司会员卡、送毛毯

6. 巡视客舱细微服务

注意观察旅客，为休息旅客提供毛毯、关闭通风口、阅读灯，为阅读旅客打开阅读灯等，收取杂物，巡舱时使用小托盘携带茶水及矿泉水。

7. 落地前40分钟加水

使用小托盘，由最后一排——应急出口，倒着走，说话声音要小。

8. 落地前30分钟

收毛毯：应急出口——最后一排，准备前往前舱还礼，SS2 报告 PS1 收毛毯数量，还礼。

9. 落地前20分钟安全检查

10. 滑梯解除预位

滑梯解除预位后和 SS2 做交叉检查，汇报：操作完毕。

11. 送旅客下飞机并清舱

四、航后讲评

思考题

1. 乘务员的职责有哪些?
2. 应急出口座位介绍有哪些要点?
3. 客舱安全检查用语有哪些?
4. 客舱安全检查的具体内容包括什么?
5. 航后讲评的意义是什么?
6. 客舱灯光调控的要点有哪些?
7. 播放登机音乐有哪些规定?
8. 业务袋的签收如何交接?
9. 客舱服务流程如何做(四人组)?

第五章

特殊旅客服务

第一节
特殊旅客定义及分类

特殊旅客是指需要给予特别礼遇和照顾的旅客，或由于其身体和精神状况需要给予特殊协助，或在一定条件下才能运输的旅客。

一、重要旅客（VIP）

1. 一般重要旅客(VIP)

① 省、部级（含副职）以上的负责人。
② 军队在职军职少将以上的负责人。
③ 公使、大使级外交使节。
④ 由各部、委以上单位或我驻外使、领馆提出要求按重要旅客接待的客人。

2. 商务要客(CIP)

即工商企业界重要旅客，是指工商业界、经济和金融界有重要影响的人士。

二、婴儿旅客（INF）

婴儿旅客是指出生后14天到2周岁由成人怀抱乘机的婴儿。婴儿旅客不单独占用座位，必须由其陪护人抱着，或坐在其陪护人座位旁的儿童限制装置内；客舱的每排座位只允许安排一名婴儿旅客，因此每一航班接受婴儿旅客的数量应少于该航班机型的总排数。

三、孕妇旅客（PREG）

指经承运人同意运输的、符合运输条件的怀孕旅客。

怀孕不足32周的，按一般旅客运输办理；怀孕满32周但不足35周的应持有在乘机前7天内签发的乘机医疗许可。不予承运：怀孕35周（含）以上者；预产期在4周（含）以内者；无法准确确定预产期者；产后不足7天者。

孕妇不得安排在出口座位或上舱。

四、儿童旅客（CHD）

1. 无成人陪伴儿童(UM)

指年龄5周岁至12周岁，没有年满18周岁的无成人陪伴的、单独乘机的儿童；12周岁至15周岁按成人票价购票的旅客，如提出申请，可执行无成人陪伴儿童服务程序。

无成人陪伴儿童的运输可以在不换飞机的前提下独自旅行；可以在不备降或预计不会因天气原因转移或跳过目的地的航班上独自旅行；必须有成人陪同直到上机时为止，必须佩有到达站接儿童的成人名字及地址的标志；其座位必须已经确认；不可安排在出口座位处；应急撤离时安排援助者。

2. 有成人陪伴儿童

指年龄 5 周岁至 12 周岁，没有年满 18 周岁的有成人陪伴乘机的儿童。

五、老年旅客（AGED）

老年旅客是指年龄超过 65 周岁的旅客。对于行动方便、不需要借助轮椅的老年旅客，可以参照无成人陪伴儿童的运输程序予以承运，应与无成人陪伴儿童合并计数；对于身体虚弱、需要由轮椅代步的老年旅客，应视同病残旅客给予适当的照顾。

六、障碍性旅客（MEDA）

指由于在精神或身体上有缺陷或病态而无自理能力，或其行动需要他人照料的旅客（如表 5-1 所示）。

表5-1　障碍性旅客类型和运输条件

障碍性旅客类型	代码	运输条件
盲人 有导盲犬 无导盲犬	BLND	携带导盲犬应具备动物检疫证；导盲犬需戴口套和牵引绳索
聋人、聋哑人	DEAF	如带助听犬，条件同有导盲犬旅客
轮椅旅客有三种， R:(RAMP，表示停机坪) 旅客能自行上下飞机，在客舱内能自己走到座位上去。 S:(STEPS，表示台阶) 旅客不能自行上下飞机，但在客舱内能自己走到座位处。 C:(CABIN SEAT，表示客舱座位) 旅客完全不能走动，需他人协助才能进入客舱座位	WCHR WCHS WCHC	旅客自用轮椅应放在货舱内运输，每航班不限人数 WCHS 和 WCHC 在每一航班的每一航段限制两名
担架旅客	STCR	每一航班的每一航段限制一名。担架旅客必须有陪伴人员

1. 视觉障碍旅客（BLND）

指有双目失明缺陷的成人旅客，不是指眼睛有疾病的旅客。

2. 听力/语言障碍旅客（DEAF）

指因双耳听力缺陷不能说话的旅客，不是指有耳病或听力弱的旅客。

3. 精神障碍旅客（DPNA）

对于精神状态可能对其他旅客及其自身造成危害者，航空公司有权拒绝运输。对于有亲友及医生陪同的精神病患者旅客，可以根据情况允许登机，但需在整个飞行过程中对其密切注意。

4. 行动不便旅客

① 轮椅旅客（WCHC、WCHS、WCHR），指在旅途中需要使用轮椅的旅客。
② 担架旅客(STCR)，指在旅途中需要使用担架的旅客。

5. 死亡及休克旅客

由于某种原因，旅客在飞机上死亡时，按严重事件和疾病的处置程序进行处置；乘务员无权宣布旅客死亡，并且在航程中，避免让其他旅客得知旅客死亡，以免引起其他恐慌，造成骚乱。航班中出现旅客休克的急救处置方法是将旅客置于休克体位，判断患者休克原因，同时广播寻找医生，并进行急救。乘务员必须有充分的心理准备，学好机上救护知识，这样一旦遇到突发事件，乘务员就可以沉着冷静地面对，得体得法有效地处理，使旅客的生命得到及时的保护和挽救。

七、遣返及在押旅客（INAD）

遣返旅客是指因证件不全或被入境国拒绝入境及所在国责令随即返回出发地的旅客。在押旅客是指被公安部门依法做出拘留、逮捕和收押决定的犯罪嫌疑人，被押解送往异地的特殊身份人员。

遣返人员多是由目的地国家政府的相关机构（如移民局），将遣返人员交由航空公司负责其遣返的具体操作。如果遣返人员此前有过违法犯罪行为，飞机上应配备安全员，全程监视其言行，以确保无虞。

在押人员多存在紧张、恐惧、压抑、孤独以及侥幸、敌对等心理特点，情绪冲动，行为上有的甚至故意破坏、寻衅滋事等，也有的沉默沮丧、焦躁不安。在旅途中，需要随时掌握在押人员的心理变化，预测他们的行为，以保障飞行安全。

八、特殊旅客数量的限制

为保证需要别人帮助的旅客在紧急情况下能迅速移到出口，对特殊旅客的数量限制如下（如表5-2所示）。

表5-2 不同机型特殊旅客数量的限制　　　　　　　　　　　　　　　　单位：人

机型	婴儿		无成人陪伴儿童	担架旅客	轮椅旅客
	跨水运行	陆地运行			
B737-300/700	4	18	2	1	2
B737-600/800	4	18	3	1	2
B767-200	6	12	3	1	2
B767-300	6	12	3	1	2
B747-400P	10	20	5	1	2

续表

机型	婴儿		无成人陪伴儿童	担架旅客	轮椅旅客
	跨水运行	陆地运行			
B747-400CMB	8	16	4	1	2
B757-200	6	12	3	1	2
B777-200	8	16	4	1	2
A320-200	4	18	2	1	2
A340-300	8	16	4	1	2
A319-100	4	18	2	1	2

注：1. 障碍性旅客代表团除外。

2. 有人陪伴儿童无限制。

3. 每一航班上限有一名有导盲犬的盲人旅客；或两名无陪伴的盲人旅客。有成人陪伴的盲人旅客乘机的接收与运输条件同一般旅客。

4. 已满16周岁的聋哑旅客乘机的接收与运输条件同一般旅客；不满16周岁的聋哑旅客一般不予乘机，每一航班上限有一名携带助听犬的聋哑旅客。

5. 特殊旅客不能安排在出口座位。

（数据来源：于莉主编《空乘实务教程》第五章，中国标准出版社。）

第二节 特殊旅客服务要求

一、重要旅客服务要求

1. 最重要及一般重要旅客服务要求

最重要及一般重要旅客服务要求如图5-1所示。

① 带班乘务长接到重要旅客通知单时，应了解要客有关情况及特殊要求并通知乘务员。

② 旅客登机时，应按通知单上的称呼致意、引导入座。

③ 应尽早与旅客随行人员联系，了解客人的生活习惯，为服务工作提供参考。

④ 在不影响其他旅客的前提下，为客人提供特殊服务（如优先选择餐食）。

⑤ 国际航线为客人优先提供免税物品的服务。

⑥ 应尊重重要旅客本人隐蔽之意愿，不宜在其他旅客前暴露其身份。

⑦ 到达时，将重要旅客手提行李提到门口，并与地面服务人员做好交接工作，道别时提供尊称和姓氏服务。

⑧ 重要旅客享有最后登机，最先下飞机的权利。

⑨ 对重要旅客应称呼尊称其头衔。

图 5-1　最重要及一般重要旅客服务

2. 工商界重要旅客服务要求

① 获取 CIP 旅客乘机人数信息，接收 CIP 旅客名单，带班乘务长将信息通告区域乘务长和乘务员，区域乘务长和乘务员对本区域的 CIP 旅客提供全程的姓氏服务、优先选餐、预留餐食等服务。

② 根据 CIP 旅客信息，提供个性化服务，带班乘务长亲自与 CIP 旅客沟通。

③ 了解他们对服务的感受，征求意见。

④ 收集 CIP 旅客相关信息反馈到相关部门。

⑤ 带班乘务长要将 CIP 旅客信息放在乘务日志上带回本部。

二、婴儿旅客服务要求

① 指定一名乘务员帮助带婴儿的旅客提拿行李，安排座位，提供婴儿安全带，并帮助系好，原则上不要主动替旅客抱婴儿（如图 5-2 所示）。

携带婴儿旅客服务片段

② 询问旅客是否需要摇篮，平飞后，帮助旅客支放摇篮，垫上毛毯，放好小枕头，让婴儿平躺在摇篮里。

③ 主动介绍服务设备的使用方法和可供婴儿更换尿布的厕所位置，以及起飞前和下降时抱婴儿的正确方法。

④ 乘务员应主动向旅客了解婴儿何时需要热奶或食品加热。

⑤ 当需要时，可给婴儿提供玩具。

⑥ 下降前，收回摇篮，提醒旅客抱好婴儿，协助系好安全带。

⑦ 飞机起飞和下降期间应唤醒熟睡的婴儿，防止压耳。由于飞机高度的变化带来的压差，此时婴儿哭闹有助于调节耳室鼓膜。

⑧ 如接收婴儿车，在飞机停稳后及时交还旅客，下飞机时帮助旅客提拿手提行李。

⑨ 如婴儿车是在机门口办理的交运手续，请在飞机着陆后，在机门口凭行李牌领

取，核实后，乘务员保存行李牌。

图 5-2　婴儿旅客服务

三、孕妇旅客服务要求

① 登机时，乘务员要主动帮助乘客提拿行李，安放随身物品，安排入座，注意尽量安排在靠过道的座位上。

② 入座后，主动向乘客介绍服务设备的使用方法和卫生间的位置；用毛毯或枕头垫于乘客的腰部，协助乘客将安全带系于大腿根部；帮助乘客调节通风口，避免其受凉；提醒乘客离开座位后遇到突发颠簸时就近抓好扶手，注意保护好腹部，尽快回到原位。

③ 飞行中，乘务员要及时了解乘客的情况并给予适当的照顾。

④ 供餐时，要主动为乘客介绍清淡的食品。

⑤ 如遇空中分娩，带班乘务长要及时报告机长，并立即对乘务组进行分工，尽快将孕妇安排在与客舱隔离的适当位置，同时通过广播寻找机上医务人员或有经验的女性协助处理，并及时通知地面采取相应措施。若没有医务人员，乘务员应参照急救方案有关内容进行处置；报告机长通知地面，采取相应措施；填写"重大事件报告单""客舱记录本"。

四、儿童旅客服务要求

1. 无成人陪伴儿童服务要求

（1）**交接责任**　承运人从接收此儿童起就负全部责任，直到抵达目的地有成人来接为止；售票人员根据旅客填写的"无成人陪伴儿童(UM)乘机申请书"，为该旅客办理订座和售票，并建立记录文件。

（2）**接收责任**　地面服务人员必须在无成人陪伴儿童外衣上戴上统一标志，并负责把儿童送上飞机；乘务员检查无成人陪伴儿童资料袋(机票、登机牌、交接者的建议、护照等)，核对儿童的手提行李、交运行李牌；带班乘务长在"无成人陪伴儿童乘机申请书"上签字；带班乘务长保管"无成人陪伴儿童乘机申请书"。

（3）**机上服务程序**　指定专人负责照顾无成人陪伴儿童，不可安排在出口座位处；

乘务员先自我介绍，并定时检查，确保无成人陪伴儿童的健康状况。帮助填写 CIQ 表格；填写无成人陪伴儿童卡，放入儿童的资料袋内；飞机下降前向机长报告，要求地面服务人员为无成人陪伴儿童提供特殊服务。

（4）落地后移交程序　乘务员检查无成人陪伴儿童的各类文件，帮助整理随身携带的物品，等待地面人员进行交接；带班乘务长将签过字的"无成人陪伴儿童乘机申请书"交地面服务人员，同时请地面人员签字，并留存其中的一联；航班结束后，带班乘务长填写"乘务日志"备案，将"无成人陪伴儿童乘机申请书"的存根与"乘务日志"放在一起备查；过站时，有地面服务人员陪同才能离开飞机；在乘务员更换机组而儿童未到达目的地时，下机的带班乘务长负责将此儿童和有关资料交给地面服务人员；遇有航班延误、取消、等待等特殊情况时，带班乘务长要及时与地面人员联系，必要时，务必将儿童交给地面服务人员；在没有工作人员的陪同下，儿童不得下机；落地后移交给地面工作人员。

2. 有成人陪伴儿童服务要求

① 提供儿童读物、玩具。
② 提醒小旅客的监护人不要让小旅客在客舱内玩耍，以免受伤及妨碍他人。
③ 供应饮料和餐食时，要征求同行监护人的意见。提供饮料不可过满、过烫。
④ 飞行中经常询问有无特殊需求，给予适当照顾。

五、老年旅客服务要求

① 在乘机过程中，老年旅客最关心的就是安全问题；其次，他们害怕飞机起降带来的不适感，乘务员应提前向他们介绍乘坐飞机旅行的常识，在关键时刻提前告诉他们注意事项，并尽可能地守护在他们身边，以消除他们的恐惧。
② 与老年旅客交谈时，应适当提高音量，语言通俗易懂，讲话速度要放慢，更耐心、更主动，不能使他们感到有心理压力。
③ 登机时，要热情搀扶老年旅客，主动帮助其提拿、安放随身物品，安排座位，但是不要强行搀扶那些不愿意被帮助的老年旅客，尤其是一些自尊心、独立能力强的老年旅客（特别是外国旅客），一般不愿意别人为他提供特殊帮助，乘务员要掌握这些旅客的心理特点提供恰当的服务。
④ 入座后，主动介绍服务项目、服务设备的位置和使用方法，例如：安全带、阅读灯、呼叫铃、耳机、座椅、遮光板、清洁袋、卫生间。
⑤ 老年旅客使用的手杖应纵向沿机身舱壁放置或摆放在一排相连的几个座椅下面，以不伸越旅客通道为限（如图 5-3 所示），或由乘务员妥善保管，同时需做好解释工作，避免其产生不安；主动提供毛毯，帮助旅客把腿部盖好并适当垫高下肢，协助其系好安全带。
⑥ 供餐时，主动介绍并提供一些清淡、易于消化、容易食用的餐食；提供饮料时，要根据其习惯介绍低糖饮料和热饮，介绍饮料种类时注意提醒其哪些含有糖分。
⑦ 国际航班，帮助填写 CIQ（中国出入境检验检疫）单据，确认后由本人签字。

图 5-3　手杖摆放

六、障碍性旅客服务要求

1. 视觉障碍旅客服务要求

（1）登机阶段服务

① 乘务员主动做自我介绍，征得旅客同意后方可搀扶，帮助提拿行李，安排就座。

② 在上下飞机和行走时，搀扶的正确方法是：让旅客扶住你的手臂，遇有障碍物时要及时告诉旅客，不断提醒前后左右等方向（如图 5-4 所示）。

③ 就座后，帮助旅客安放手提物品，尽量放在旅客可以触摸到的地方。

④ 如随身带有导盲犬，可将其安置在座位的前面，导盲犬的头朝向通道，并向周围旅客解释说明。

⑤ 让盲人触摸各种服务设备的位置，并介绍各种服务设备的使用方法，比如：安全带、呼叫铃、座椅的调节、餐桌，主动介绍应急设备的位置、使用方法和逃生的方向（如图 5-5 所示）。

⑥ 主动介绍洗手间的方向。

图 5-4　搀扶旅客方法　　　　　　图 5-5　视觉障碍旅客设备介绍

第五章　特殊旅客服务　　115

（2）巡航阶段服务

① 飞行中由专人负责，经常询问旅客的需求，经常与他交谈沟通。

② 协助盲人旅客进/出洗手间，介绍洗手间设备的使用方法。

③ 供餐时，可将餐盘比作时钟，把餐盘内的各种食品（热食、冷食、饮料、水果）等摆放的位置告诉客人。

④ 提醒旅客餐食的热度，避免烫伤；帮助盲人旅客切割食品（厨房完成）、递拿餐具。

（3）下机阶段服务

① 提醒盲人旅客等待最后下机，帮助盲人旅客整理衣物、主动提拿行李。

② 护送盲人旅客下飞机，做好与地面工作人员的交接工作。

2. 听力/语言障碍旅客服务要求

① 许多聋哑旅客会读口型，乘务员在与之交谈时面对旅客，放慢说话速度，还可借助多种方式沟通，如文字、符号或手势，但必须要有礼貌（如图5-6所示）。

② 向聋哑旅客介绍安全带的操作、呼叫铃、座椅的调节、餐桌等服务设施的使用方法，介绍应急设备、位置及使用方法。

③ 每次广播后，向聋哑旅客介绍广播的内容，尤其是将延误或改航班等重要信息告知旅客。

④ 乘务员主动与聋哑旅客沟通，包括空中飞行时间、到达机场时间、供应餐饮、航线情况等。

⑤ 凡过站，只要聋哑旅客自己愿意下机，乘务员要同地面服务人员交接，同时要确保聋哑旅客重新登机。到达目的地后，主动了解是否有人接机，必须将聋哑旅客送交地面服务人员。

图5-6　与听力障碍旅客沟通

3. 精神障碍旅客服务要求

① 如果登机时旅客显示出精神状态异常，干扰了机组成员的工作，并危及其他旅

客与机组的安全,由机长通知地面服务人员,将其带下飞机做善后处理。

② 如果飞机推出后发现某旅客精神状态异常,应马上通知机长,由机长做决定处理。如果决定返回停机坪,立即通知地面人员办理相关手续。

③ 飞机起飞后旅客显示出精神状态异常,应立即通知机长。

④ 请求该旅客的陪同人员看护,或指定专门的乘务员安抚并全程关注,避免引起其他旅客的恐慌。必要时,对该旅客采取管制性约束。

⑤ 不可提供带有酒精的饮料和伤害性的尖锐用具。

4. 行动不便旅客服务要求

(1) 轮椅旅客服务要求

① 轮椅旅客要优先登机,最后下飞机。

② 乘务员要主动帮助旅客提拿和安放手提物品及轮椅;协助旅客就座后将其安全带系好,使旅客感觉舒适。

③ 如旅客去洗手间等有困难时,应主动提供耐心、细心的帮助。

④ 带班乘务长必须在下降前通知机组人员轮椅旅客的类别(以区分是否需要升降车),使地面人员获取相关信息。

(2) 上肢伤残旅客服务要求

① 主动帮助上肢伤残的旅客提拿行李,安排入座,应主动送上枕头或毛毯,垫在受伤者的胳膊下,帮助系好安全带。

② 提供餐、饮时,帮助放好小桌板;在征得同意后可帮助将肉类食物、水果等切成小块,为其提供细微服务。

行动不便(上肢伤残)旅客服务片段

③ 乘务员对各种伤残旅客服务时,要考虑到旅客的意愿,不要伤害他们的自尊心。

(3) 担架旅客服务要求

① 担架旅客乘机时,要事先了解其病症,确认陪同人员及有无特殊要求等。

② 担架旅客先上飞机,如担架随机,协助将病人和担架安置在普通舱后三排左侧;如担架不随机,可在座椅上铺垫毛毯、枕头,根据病情让病人躺卧,帮助系好安全带。

③ 飞行中指定专人负责,经常观察、询问病情,与陪同人员商量,提供特殊服务。

④ 下降前,报告机组与地面联系安排有关事宜。

⑤ 下降时,提醒病人躺好扶稳,系好安全带。

⑥ 到站后,担架旅客最后下飞机,下机时协助整理、提拿手提物品。

⑦ 被运送的担架旅客及护送人员要在规定的合同上签字,保证在可能发生的应急撤离中,担架旅客和障碍性旅客不能先于其他旅客撤离,如在上述情况中发生意外事件航空公司均不负责。

5. 死亡及休克旅客服务要求

(1) 死亡旅客服务要求

① 飞机起飞前,发现有旅客休克或死亡时,应立即报告机长,停止起飞。

② 空中发现有旅客休克时，及时广播找医生，采取抢救程序并及时报告机长与地面联系，安排好救护车和医护人员。

③ 空中发现有旅客死亡时，应立即报告机长，保持现场，加盖毛毯，调整周围旅客座位。

④ 如果有医生在场，请医生帮助确定是否死亡，如果确认已死亡，应请医生填写死亡报告，一式三份，并请医生、责任机长、飞行乘务长在相应的签名栏中签字。

⑤ 飞机落地之前，报告机长所发生的详细经过，并按责任机长/医生指令搬移尸体。到站后将死亡报告交给机场有关部门一份、医生一份、乘务客舱部一份。

⑥ 如果没有医生在场，乘务员无权宣布病人死亡，应及时通过责任机长通知地面做好急重病人抢救的准备工作。

⑦ 填写"机上重大事件报告单"，责任机长尽可能与地面急救中心联系，取得最大支持，按其指令行事。

⑧ 收集和保管死者的遗物，保留该航班的旅客舱单。

⑨ 落地后应向有关部门如实汇报死者的情况，并通知卫生部门对客舱进行处理。

（2）休克旅客服务要求

① 对突然休克的旅客立即采取保护措施，解开衣领和腰带，保温，勿随意搬动。

② 检查生命体征，号脉，掐住人中数秒直到旅客苏醒。

③ 提供糖水、保持安静，等到旅客症状减轻后搀扶到座位上休息。

④ 必要时可提供氧气瓶吸氧。

七、遣返及在押旅客服务要求

① 不声张，不得将遣返及在押旅客的身份暴露给其他旅客；飞行中加强与安全员、押解人员的沟通协作，密切关注遣返及在押旅客的动态；在运送过程中，要与公安部门配合。

② 不可将遣返及在押旅客安排在应急出口、靠过道、靠窗口、靠近舱门旁的座位上，应安排在后舱中间座位上；将押解人员安排在其邻座。

③ 供餐时，不要向遣返及在押旅客提供金属刀叉、陶瓷、玻璃、钢制餐具等；尽量少提供饮料，禁止提供酒类、沸水饮品；提供餐饮前，事先征求押解人员的意见。

④ 飞行中，在服务上要对遣返及在押旅客一视同仁。关注其动态，做好安全防范，一般情况下，不得将其锁铐在座位或设备上；上卫生间时，安全员或押解人员应陪同前往并确认其身上没有危险物品。

⑤ 飞机降落前，乘务长报告机长，由机长通知地面边检部门来接遣返旅客；在押旅客的接机问题由乘务员与押解人员沟通，必要时，由机长与地面相关部门联系。

⑥ 遣返旅客下机后，由乘务长或安全员将其本人及护照等相关资料全部移交边检部门。

思考题

1. 特殊旅客的概念是什么?
2. 请写出10类特殊旅客与其相应的英文代码。
3. 哪些孕妇不能承运?
4. 障碍性旅客类型和运输条件有哪些?
5. 不同机型特殊旅客数量限制分别是多少?
6. 各类特殊旅客的服务要求是什么?

第六章

不正常航班服务

第一节
不正常航班的原因和影响

未按照民航管理当局批准的民航运输飞行班期时刻表、使用指定的航空器、沿规定的航线在指定的起讫经停点停靠的客货邮运输飞行服务,未在班期时刻上公布的离站时间前关好舱门,未在公布的离站时间后15分钟内起飞并未在公布的到达站着陆的航班,称作不正常航班。

一、不正常航班的原因

航空运输是一个十分复杂的系统,导致航班运行出现不正常的原因很多。根据中国民用航空局发布的《民航航班正常统计办法》中所列导致航班不正常原因,大致分为五大类:天气原因、空中管制原因、机场保障原因、航空公司原因、旅客自身原因。

1. 天气原因

天气原因是造成航班延误的主要原因,如大雾、雷雨、风暴、跑道积雪结冰、低云、低能见度等危及飞行安全的恶劣天气,使机场所在地区的天气达不到起降标准,航行途中绕过恶劣气象区域等都会造成航班延误。

2. 空中管制原因

不正常航班影响因素中,空中流量控制的比重最大。空中管制原因很多,主要有:空中流量控制、空军活动、重要飞行、科学实验、上级发出的禁航令和为特殊航班让道等。部分大型繁忙机场空中交通处于超负荷运转,飞机离港往往在地面滑行等待较长时间,这也是普遍现象。

3. 机场保障原因

民航飞机的起飞和降落都需要机场给予安全的支持与服务的保障,机场保障工作是保证民航飞机航班正常的重要因素。这个环节出现疏漏或者保障不及时,极有可能造成航班延误。机场保障原因主要包括:机场安检、联检原因、机场关闭、机场机务保障、地面通信导航、跑道被占用、清除冰雪、加油、飞机清污水保障、配餐食品保障和意外安全事故等。

4. 航空公司原因

航空公司原因造成航班延误有以下几种。

① 机械故障。飞机结构复杂,在执行航班任务期间难免会出现各种各样的故障反应。飞机一旦出现故障,为了保证飞行安全,机务人员必须按照维护手册和程序进行检

查、排故和测试，就会造成航班不同程度的延误。

② 机组人员原因。为了保证飞行安全，民航当局对机组人员的值勤和飞行时间有明确的规定加以限制。如果由于长时间的航班延误而造成机组人员超时，就不能继续执行飞行任务。当没有符合值勤时间规定的机组人员可调换时，航空公司不得已还要取消航班。

5. 旅客自身原因

旅客的人为因素已成为航班延误的"新的增长点"，因旅客自身原因导致的航班延误占不正常航班的3%左右。旅客晚到的现象呈现出上升趋势。

① 旅客晚登机往往会导致晚关舱门或航班延误。

② 有些旅客在办理完乘机手续后却不辞而别，为了保证广大旅客的安全，航空公司必须确认该旅客是否有交运行李进入货舱，如果有交运行李，航空公司必须将交运行李卸下飞机，导致航班延误。

③ 搭乘国际中转航班的旅客，在办理出入境手续时，如发生旅客证件不符合海关边检的规定，会影响其后续航班的登机时间。

④ 有些旅客计划的中转航班衔接时间较短，一旦发生前航段延误，就会影响其后续航班的正常登机。

⑤ 因航班较长时间延误等原因，有时旅客会产生过激行为，如罢乘或占机不下，给后续航班造成延误。

⑥ 旅客突发疾病需终止行程。

⑦ 旅客携带超大超重行李进入客舱，需在登机口改为交运行李等。

二、不正常航班的影响

① 航班不正常时，旅客会对航空公司的服务产生抱怨和不满，一旦有旅客向乘务员进行抱怨批评，甚至谩骂时，有些旅客就会出现从众的心态，产生"羊群效应"，情绪会随着航班延误的持续而愈来愈焦急，对乘务员的服务造成不利影响，甚至会产生不安全的后果。

② 如果遇到航班延误或者其他原因的航班不正常，航班不能够按时到达目的地，航空运输的快捷便利优势就无法体现。旅客原计划的工作安排、旅行、中转和住宿等受到影响。

③ 当由于航空公司的飞机故障而造成航班延误时，旅客会感到担心和不安，引发旅客对航空公司的安全性产生怀疑。

④ 发生航班不正常时，旅客乘机利益无法得到保障，当航班延误的时间过长，旅客自身的需求增大，对服务质量的要求更加苛刻。

⑤ 发生不正常航班时，乘务员的服务面临着心态和体力挑战，要付出更多的努力和辛苦。

第二节
不正常航班服务内容

不正常航班的服务难度大、变化多、要求高,容易引起旅客的抱怨和不满。乘务员要运用掌握到的不正常航班的服务要求和处置方法,和蔼亲切,积极主动地听取旅客意见,掌握旅客需求,正确判断,妥善处理,尽最大的努力达成旅客满意。

一、不正常航班服务要求

① 乘务员要加强与飞行机组的良好沟通,带班乘务长向机长或相关部门了解延误、等待信息,预计延误时间,召集区域乘务长,说明延误原因,根据情况提出具体要求。

② 区域乘务长召集本区域乘务员说明情况,全体乘务人员到客舱与旅客沟通、表示歉意、听取意见。

③ 乘务员在航班延误时要加强各方沟通,保证信息的及时、准确,避免误解,口径一致,确保延误信息在第一时间准确传递给乘客。

④ 乘务员要做好不正常航班的客舱广播,通过广播及时传递航班信息,致以真诚歉意。关闭舱门15分钟后仍未推出滑行,乘务员要立即了解情况,做好客舱广播通知;广播要做到信息准确、语音清晰、语调柔和;在长时间等待过程中,应适时增加广播次数,传递航空公司的歉意和感谢,争取旅客的谅解。

⑤ 注意情绪化较严重的旅客,如不停按呼唤铃询问的旅客、在客舱大声表达不满的旅客,他们可能会引起"羊群效应",要及时解决,避免矛盾升级。

⑥ 乘务员要及时与旅客做好信息沟通,消除旅客的焦虑情绪。如遇到有些旅客向乘务员表达需要补偿的愿望和要求时,乘务员要了解旅客的诉求,不推诿敷衍,可以帮助旅客与地面工作人员建立联系,不要轻易向旅客做出补偿的承诺。在航班延误时间较长,且原因的责任主体是航空公司,航空公司一般会根据《航班延误经济补偿指导意见》提供相应的补偿。

⑦ 带班乘务长应该与机长/地面人员保持联系,如延误情况发生变化,要及时向旅客通报信息。当延误信息不确定时,每隔15～20分钟向旅客通报最新情况。并根据等待的时间长短,向旅客提供服务。

⑧ 根据各航空公司的规定和延误时间的长短提供相应的餐饮、娱乐等服务;乘务组应根据航班延误的时间,在获得机长同意的前提下,动态调整服务流程,必要时带班乘务长应与有关部门联系增加餐、饮数量,一般遵循以下方法,如表6-1所示。

表6-1　航班延误时的服务

地面等待时间	调整服务流程
小于 30 分钟	发放报纸、毛巾,提供机上娱乐、影视服务,并根据个别旅客的需求提供适当的服务
大于 30 分钟且不足 1 小时	提供茶水、矿泉水服务
1 小时以上	提供饮料服务
2 小时以上	提供全套餐饮服务
没有确切时间	应尽量与机组沟通了解等待的时间,做出预判并提供相应的服务

⑨ 要具备安全意识,坚守岗位,加强重点部位的监控,确保客舱设施、设备得到有效监护,确保舱门始终有人监控,保证航班安全。

⑩ 如果旅客到候机室休息等候,旅客下机后,做好客舱的检查和旅客再次登机前的清舱工作。

⑪ 如需乘务员离机,做好机供品的签封和交接工作。

⑫ 在延误时间较长的情况下,带班乘务长应主动了解旅客的需求,设法帮助解决转港等问题。

⑬ 飞机延误晚到后,为了争取后续航班能够按照公布时刻正常起飞而执行的快速过站工作,乘务组要分工合作,各司其职,忙而不乱地做好快速过站工作。乘务员要协助地面清洁工作人员抓紧做好客舱清洁工作。

⑭ 乘务员要及时做好机上机供品清点交接工作,积极协助、配合有关部门做好相应的工作。

二、不正常航班服务相关处置

航班延误时,乘务员要耐心有礼,妥善积极为旅客做好延伸服务,在面对特殊情况时,有以下解决方法。

1. 签转

由于航班延误导致航班取消或旅客提出终止该段航程,要求签转其他航班。

① 当旅客提出签转航班的要求时,乘务员应在最短的时间内统计需要签转旅客的人数,报告机长并告知地面工作人员,帮助旅客做好航班签转工作。

② 乘务员要记录:旅客姓名、座位号、有无托运行李、航班号和相关人数,并与地面工作人员做好轮椅、无人陪伴儿童等特殊旅客及特殊事项的交接工作。

③ 乘务员要提醒签转旅客的随身行李全部带下飞机,确认没有遗漏物品或拿错行李的情况,旅客下机后要完成局部清舱工作。

④ 乘务员要将签转旅客和清舱工作完成情况向机长进行汇报,完成修改后的舱单交接,将相关情况予以记录,以备核查。

2. 中转

当航班延误导致旅客后续中转联程航班转机时间较短或将受到影响时,旅客会向乘务员提出中转航班保障需求。

乘务员要记录中转航班的航班号、起飞时刻和中转人数,报告机长通知地面工作人员,尽力协助旅客快速办理中转手续。

中转联程旅客可优先于同舱位的旅客下机,但经济舱旅客不得优先于头等舱旅客。

乘务员可根据航班时刻表向旅客提供可能转机的转机航班建议和指导,但不应向旅客做出转机的承诺。

3. 备降

由于目的地机场天气、设施、旅客身体和其他突发原因,航班无法抵达预定的目的地,需要降落在备用机场。

备降机场一般靠近目的地机场。如目的地为深圳机场,备降机场可能是广州机场或珠海机场;如目的地城市有2个以上的机场,则这些机场都互为备降机场。

乘务员在获知航班备降的信息后,要掌握航班备降的原因和预计落地的时间,及时通过广播告知旅客,做好相应旅客的解释工作,完成航班落地前的客舱各项准备工作。

乘务员在航班落地后,要积极与地面工作人员取得联系,了解旅客的情况,及时安抚旅客情绪,做好相应处理,如表6-2所示。

表6-2 备降航班的处置要求

备降航班情况	处置要求
短暂等待继续飞往目的地	(1)及时做好广播通知 (2)完成起飞的各项安全工作
长时间等待	(1)及时做好广播通知 (2)做好机供品的增补 (3)与地面人员协调旅客的需求 (4)做好自愿取消行程的旅客信息记录
航班取消	(1)及时广播通知 (2)组织旅客做好下机工作 (3)做好特殊旅客和事项的交接 (4)完成清舱和交接

? 思考题

1. 什么是不正常航班?
2. 不正常航班形成的原因有哪些?
3. 不正常航班带来的影响有哪些?
4. 不正常航班的服务要求有哪些?
5. 不正常航班的相关处置有哪些?

第七章
旅客心理服务与沟通技巧

第一节
旅客心理服务

一、旅客心理服务内涵

空中服务不同于一般的服务，它是有形的服务（如提供餐饮等）和无形的服务行为（如心理服务）的综合体。所谓心理服务，亦称为精神服务，是一种高层次的服务。其内容包括服务的仪表、气质、风度、精神面貌、文明礼貌、语言艺术及处理服务中的冲突艺术等多方面。空中服务是通过为旅客提供餐饮，娱乐节目等具体的服务项目，以及微笑、热情、友好等种种表现形式，在为旅客提供能够满足其生理和心理的、物质和精神的需要过程中创造一种和谐的气氛，产生一种精神的心理效应，从而使旅客乐于交流，乐于再次乘坐飞机的一种活动。

因此，空中服务是主、客双方相互作用的一个动态过程，在这一过程中以设备、方法、手段、热情友好为中介，表现人与人、人与物相结合的关系行为，追求的是人与人之间的接触和交流的气氛，目的是使旅客产生惬意、幸福之感，赢得回头客。

综上所述，心理服务内涵就是用健康愉快的情绪、情感影响客人，用宽容、体贴、友善的态度对待客人，用优雅端庄的举止、自然风趣的谈吐去感化客人，用自然甜美的微笑、真诚友好的表情唤起旅客心理上的共鸣，使旅客在接受服务的过程中得到心理满足。

二、旅客心理特点及服务特点

1. 老弱旅客的心理特点及服务特点

人到老年，体力、精力开始衰退，生理的变化必然带来心理上的变化，他们在感觉方面比较迟钝，对周围事物反应缓慢，活动能力逐渐减退，动作缓慢，应变能力差。老人由于年龄上的差异与青年人想的不同，因而心境寂寞，孤独感逐步增加。尽管老人嘴上不说，但他们内心还是需要别人的关心和帮助的，他们关心航班的安全，关心飞机的起飞、降落时带来的不适应感。因此，为老年旅客服务时，要更加细致，与老年旅客讲话速度要慢，声音要略大，经常主动关心询问老人需要什么帮助，洞悉并及时满足他们的心理需要，尽量消除他们的孤独感。由于东西方文化的差异，西方的老年人在身体状况良好的情况下，一般不喜欢别人给予的特殊关照，他会认为你小看了他的能力。对这样的旅客，我们应留心观察，待他真正需要帮助的时候，提供及时又不使他感到特殊的关照。

体弱的旅客既有很强的自尊心，又有很深的自卑感，由于身体的原因自感不如他人，暗暗伤心，同时在外表上表现在不愿求别人帮助自己。因此，样样事情都要尽自己最大的力量去做。作为乘务员应尽可能多去关照他们，但又要让他们不感到心理压力，对他们携带的行李物品，要主动协助提拿，关心他们的身体状况，消除他们对坐飞机的恐惧感。

2. 病、残旅客的心理特点及服务特点

病残旅客是指有生理缺陷，有残疾的旅客以及在乘机过程中突然发病的旅客。这些人较正常人自理能力差。有特殊困难，迫切需要别人帮助，但是他们自尊心极强，一般不会主动要求服务人员去帮忙，总是要显示他们与正常人无多大区别，不愿意别人讲他们是残疾人，或把他们看成是残疾人。因此服务人员要了解这些旅客的心理，特别注意尊重他们，最好悄悄地帮助他们，让他们感到温暖。例如，有一位下肢残疾的老先生，在飞机上不吃不喝，细心的乘务员发现后及时询问，才知老先生是为了减少上厕所的次数，怕给乘务员添麻烦，乘务员热情地安慰他："没关系，您上厕所时，我们会帮助您。"老人这才放心地吃东西。

3. 儿童旅客特点及服务特点

儿童旅客的基本特点是性格活泼，天真幼稚，好奇心强，善于模仿，判断能力差，做事不计后果。鉴于儿童旅客的这些特点，乘务员在服务时，尤其要注意防止一些机上不安全因素的发生，如：要防止活泼好动的小旅客乱摸乱撞飞机上的一些设施；航班起飞、降落时要注意防止小旅客四处跑动；给小旅客提供热饮时，要防止他们碰洒、烫伤等。无人陪伴的儿童，航空公司提供协议，最好派专门的乘务员主要负责照看，以防出现意外。

4. 首次乘机旅客的心理特点及服务特点

初次乘机旅客的心理，一般来讲主要是好奇和紧张，因为民航运输，毕竟不同于汽车、火车、轮船的运输，人们不是常见、常乘。因此初次乘机者对飞机上的一些设备、环境等都十分感兴趣，并带着一种好奇心去探索一切。

为满足初次乘机旅客的新奇感，乘务员要主动为他们介绍本次航班的情况。如：机型、飞行高度、地标等，以满足他们的好奇心。同时，初次乘机的旅客缺少乘机知识；乘务员要主动耐心地介绍，不要指责或嘲笑他们，避免使旅客感到不必要的内疚和尴尬。再有，初次乘机的旅客心里也比较紧张，对飞机这种交通工具的安全性不是很放心，乘务员针对这种心理，一面可以介绍飞机是在所有交通工具中比较安全的，请他们放心；另一面可以亲切地与他们交谈，询问他们此行的目的，以分散他们的紧张心情，使他们感觉到乘坐飞机是安全舒适的。

5. VIP和CIP的心理特点及服务特点

一般来讲，重要的旅客有着一定的身份和地位，他们比较典型的特点是自尊心、自我意识强，希望得到一种应有的尊重。与普通旅客相比较，他们更注意环境的舒适和接受服务时心理上的感觉；同时，由于乘坐飞机的机会可能比较多，他们会在乘机的过程

中对机上服务有一种有意无意的比较。乘务员为他们服务时要注意态度热情，言语得体，落落大方。针对他们的心理需求采用相应的服务。例如：当重要旅客上飞机时，就能准确叫出他们的姓氏及职务；当重要旅客递给乘务员名片时，应当面读出来，这样使重要旅客有一定的心理满足感。同时，在提供周到的物质服务的前提下，更应注意与重要旅客精神上的沟通，言语上的交流，使重要旅客的整个旅行都沉浸在愉悦的心情中。

6. 航班延误与取消情况下旅客的心理特点和服务特点

当旅客手持机票进入候机室时，一般来讲，心理的需求是希望按时起飞并能准时到达目的地，在航班正常情况下，旅客的心情是比较平静或平衡的。一旦听到自己乘坐的航班延误或取消，心理的主观需求与客观现实马上相矛盾，便失去了原有的平静和平衡，随之而来的是情绪的波动，这时的心理是焦虑、抱怨和愤怒。对此，乘务员首先要全神贯注地倾听对方的诉说，尽管这样做并非易事，但却是缓解旅客情绪必不可少的第一步。其次，向旅客表明你已经听懂了客人的话，承认既成的事实，认可对方的感受。再次，客客气气，实事求是地向客人解释和说明航班延误和航班取消的原因。对客观存在的原因要说得清楚明白，对由航空公司方面的失误造成的延误，要真诚地道歉和自我批评，以求得客人的理解和谅解。

7. 挑剔旅客的心理特点及服务特点

在飞机上偶尔也有个别比较挑剔的旅客，他们对服务和设备以及餐食饮料等提出一些可能我们满足不了的要求，这些旅客一方面可能是本人性格因素决定的，另一方面可能是经常坐飞机，对各家航空公司的服务有一个比较。再就是上飞机之前遇到了不愉快的事，而没有得到解决和发泄。这时，这些客人的心理是，要求受到尊重、要求补偿，要求发泄。对此，乘务员的服务是要耐心，不急躁，以平静的心情倾听客人的倾诉，不要急于辩解和解释，避免引起客人心理上更大的反感。用乘务员耐心、热心、周到的服务，使客人的心情慢慢自然地平静下来。

8. 行业内部旅客的心理特点和服务特点

内部客人大多对航空公司及飞行和飞机有关的事情比较了解，大部分人愿意主动和乘务员聊天，聊一些民航内部的事情，对服务的要求是，希望被照顾，希望与其他旅客不同。满足其要求很高兴，个别内部客人不能满足要求的会不高兴，容易挑乘务员的毛病。在这种情况下，乘务员服务时要有理，有利，有节。

有理：航空公司对各舱位有明显的规定，如果不能满足他们的升舱要求，要心平气和，实事求是地说明情况，以求得到他们的理解。

有利：内部客人中有一些是很有影响的人物，对于这些人要灵活处理，对他们的服务要有利于公司的利益。

有节：内部客人由于对民航内部和公司有相对深刻的了解。有时提出一些无礼的要求，要适时制止，不要盲目地为了拉关系，讨好，为其提供违反公司规定和损害公司利益的服务。

第二节
沟通技巧

一、与旅客沟通的技巧

飞机上的旅客来自各个阶层，就像一个社会的缩影，随着社会物质生活的提高，需求的目标也提高了，如何满足不同的旅客和潜在的不断变化着的旅客需求，研究和提高具有时代特点的新服务，乘务员必须掌握与旅客沟通的技巧。

1. 语言沟通

抽样调查显示：主要国际航线和国内航线，有43%的国际旅客希望与乘务员用英语沟通，日本航线有85%的旅客是日本旅游者，头等舱的旅客绝大部分是政府官员、文娱界、体育界名人和商人，这些旅客，讲究服务质量，服务方法，喜欢举止文雅，落落大方，善于交际的乘务员，乘务员与旅客的沟通在服务过程中，不仅要通过一杯水一杯茶为旅客进行服务沟通，而且还要通过一举一动、一言一行进行思想沟通。因此，乘务员应加强各方面的学习，特别是语言的学习，通过乘务员在客舱内与旅客进行沟通，最终目的是满足旅客的需求，让他永远选择我们的航空公司。

2. 有效的旅客沟通技巧是听和观察

在良好的旅客沟通中，倾听和观察是最主要的技巧，听和观察的技巧包括极强理解力的听和看，即收集信息，有逻辑地加以组织，灵活地加以应用，在任何旅客服务中，听和观察可以帮助建立旅客的信心，并和旅客搭起沟通的桥梁，以实际行动让旅客知道航空公司的重要性和价值。俗话讲：人有两个耳朵却只有一张嘴。这意思就是说，人应该多听少讲，才能彼此沟通，在与旅客交往中"谈话"是一种特殊的沟通能力，但学会"听话"是乘务员在沟通中一个必要的重要品质。语言技巧对乘务员来说非常重要，1978年5月8日，日本国园田外相到中国访问，晚上6点40分，所乘专机到达首都机场，外面下着大雨，园田走下舷梯时，黄华外长冒雨迎上前去，并和园田一起走进贵宾室，二人互致寒暄，田园外相说："到北京迟了，见到黄外长。旅途的疲劳消失了。"黄外长说："您带来了及时雨。"语出自然亲切，既是表示欢迎的意思，又有预见谈判成功的意思，含义深刻。

乘务员在飞机上经常会遇到一些令人困扰的事，这是超出自己所控制的原因所造成的。如：旅客座位重号、天气不好等，旅客将给乘务员语言或非语言的线索，他们讲话时所用的语言、声调、声量及面部表情都会告诉乘务员他的情形不好，这时，正确的处理和沟通是非常重要的，以简洁而冷静的态度解释情况，帮助旅客解决困难，最后再证实旅客满意乘务员所提供的服务。

3. 形体语言是一种无声的沟通

面部表情是任何一个人到世界各地去的"信使"。它在沉默中传递心境，乘务员的不良面孔和姿态，最终会影响旅客对航空公司的印象。实践证明：创造愉快的旅途气氛，对任何旅客来说都是一种享受，在客舱服务中，好的沟通意味着消除误解，好的沟通能改变旅客的心理副作用，好的沟通能使航空公司有回头客。

4. 会抱怨的旅客是我们的朋友

旅客的抱怨可以指出公司的缺点，当公司想了解自己的经营缺点或寻找改进方法时，旅客的抱怨是一种提供答案的途径，当公司或乘务组知道了自己的缺点，却又不肯主动改进，那跟不知道自己有缺点没什么两样。旅客的抱怨是提供给你第二次服务的机会，使他的不满化为满意，在不满的旅客中，只有4%的人会向公司表达出来，其余96%的人则是嘴里不说，可是心里不会给你第二次服务的机会，他们脸上有笑容，但他们在背后向其他人诉说你那差劲的服务，因此，会抱怨的旅客实际上是我们真正的朋友，愿意给你改过的机会。

二、正确处理旅客的投诉

客人投诉是指旅客将他主观上认为由于服务工作的差错而引起的麻烦和烦恼，或损害他的利益等情况向服务人员提出或向有关部门反映的情况。

1. 旅客投诉时的心理

求尊重的心理，旅客采取投诉行动时总希望别人认为他的投诉是对的和有道理的，渴望得到同情、尊重，向他表示道歉并立即采取相应行动等。求发泄心理，旅客利用投诉的机会把自己的烦恼、怒气、怒火发泄出来以维持心理上的平衡。求补偿心理，希望能补偿他们的损失。

2. 对旅客投诉的对策

耐心倾听，弄清真相：客人投诉心中有愤怒，不通过发泄他们心中就不舒服，作为服务员，为了弄清投诉的真相，一定要耐心倾听，利用听的技巧能较好地平息旅客的抱怨。倾听时一定要做到少讲多听，表示关注和理解，不要打断对方的讲话；设法使交流轻松，使投诉人感到舒适，消除不安情绪；表示出聆听的情绪，不要表示冷淡和不耐烦；站在投诉者立场考虑问题，表示对投诉者同情，保持冷静，不要与投诉者争论，提出问题以示你在充分倾听和认真了解；不要计较投诉者的口气轻重和意见是否合理。

以诚恳的态度向客人道歉：客人向我们投诉，切忌置之不理或与之争吵，无论客人的动机如何，客观上有利于我们去做好工作，我们应当以热情诚恳的态度，以自己是公司的代表去对待投诉，向他们表示歉意，使客人觉得我们重视他们的投诉，满足他们的自尊心，为圆满处理他们的投诉铺平道路。

区别不同情况作出恰当处理：对一些看来明显是服务工作的过错，应马上道歉，在征得客人同意后做出补偿性处理；对一些较复杂的问题在弄清真相之前，不应急于表达处理意见，应当有礼、有理，在客人同意的基础上处理。对待一时不能处理的事，要让客人知道事情进展情况，以示对其投诉的重视，避免客人误会，以为将他的投诉搁置一边而使事态扩大。

3. 对旅客投诉的处理

① 全面听取旅客抱怨。
② 如可能应设法改变当时的状况。
③ 真诚地向投诉旅客道歉，并保证他/她的意见能转达给适当的人员和相应的部门。
④ 将情况及时与机长沟通。
⑤ 如该旅客仍不满意，到达时通知地面工作人员及相关部门。
⑥ 应记录任何情况包括旅客姓名、地址等。
⑦ 将投诉情况填写"乘务情况报告表"并报相关部门。

思考题

1. 不同旅客的心理特点及服务特点？
2. 与旅客沟通应掌握哪些技巧？
3. 对旅客的投诉如何处理？

附 录

一、乘务专业英文代码及含义

（一）部分英文代码

1. F舱：First Class 头等舱

2. C 舱：Business Class 公务舱

3. Y舱：Economy Class 普通舱（经济舱）

4. CF：Chief Purser 主任乘务长

5. PS：Purser乘务长

6. FS：头等舱乘务员

7. CS：公务舱乘务员

8. SS：普通舱乘务员

9. VIP：Very Important Person 重要旅客、政府要员、外交使节、部以上领导、公司认可的要客

10. CIP：Commercial Important Person 公务舱中的商务人士

11. ACARS系统：驾驶舱内用于传输旅客名单的一套电子系统

12. CIQ：Custom(海关)Immigration(移民局)Quarantine(检疫)

（二）部分机上用具英文对照

CA 标准	CA STANDARD
ATLAS 标准	ATLAS STANDARD
整餐车	FULL MEAL CART
整饮料车	FULL BEVERAGE CART
整用具车	FULL APPLIANCE CART
整供应品车	FULL SUPPLY CART
整酒车	FULL ALCOHOL CART
半饮料车	HALF BEVERAGE CART
半用具车	HALF APPLIANCE CART
半供应品车	HALF SUPPLY CART
半酒车	HALF ALCOHOL CART
钢烤炉架	STEEL OVEN RACK
铝烤炉算	ALUMINUMS OVEN INSERT
铝餐箱	ALUMINUMS FOOD BOX
塑料抽屉	PLASTIC DRAWER

铝抽屉	ALUMINUMS DRAWER
塑料香槟酒杯托	PLASTIC TRAY
塑料大杯托	PLASTIC CUP TRAY
塑料杯隔	PLASTIC CUP TRAY WITH PARTITION
瓷分餐盘	CHINA PLATE
瓷冷荤盘	CHINA COLD MEAT OR FISH PLATE
瓷面包盘	CHINA BREAD PLATE
瓷热食烤盘	CHINA CASSEROLE
瓷沙拉碗	CHINA BOWL
瓷黄油碗	CHINA BUTTER DISH
瓷茶壶	CHINA TEA POT
瓷咖啡壶	CHINA COFFEE POT
瓷茶杯	CHINA TEA CUP
瓷咖啡杯	CHINA COFFEE CUP
瓷茶杯、咖啡杯杯碟	CHINA TEA/COFFEE SAUCER
瓷汤碗碟	CHINA SOUP BOWL SAUCER
瓷汤碗 / 盖	CHINA SOUP BOWL WITH COVER
瓷大汤碗	CHINA LARGE SOUP BOWL
瓷小调羹	PORCELAIN SMALL SPOON
瓷汤勺	PORCELAIN SOUP SCOOP
瓷汁盅	PORCELAIN SEASONING HANDLESS CUP
瓷奶盅	PORCELAIN MILK HANDLESS CUP
玻璃葡萄酒杯	WINE GLASS
玻璃香槟酒杯	CHAMPAGNE FLUTE
玻璃白兰地酒杯	BRANDY GOBLET
玻璃饮料杯	BEVERAGE CUP
玻璃沙拉碗	GLASS SALAD BOWL
不锈钢齿刀	STEEL KNIFE
不锈钢叉	STEEL FORK
不锈钢勺	STEEL SCOOP
不锈钢咖啡勺	STEEL COFFEE SCOOP
大纸餐盒	BIG PAPER MEAL BOX
小纸餐盒	SMALL PAPER MEAL BOX
大防滑纸	BIG PREVENTABLE SKID PAPER
小防滑纸	SMALL PREVENTABLE SKID PAPER

二、乘务员部分专业术语

1. 任务：所飞航班计划。
2. 任务书：全称《乘务飞行任务书》，涵盖内容包括飞行机长、乘务组人员及等级、航班情况以及人员变更情况等。
3. 签到：起飞前在规定的时间内到航班调度部门在乘务员所执行的航班上签名或在电脑上确认。
4. 准备会：飞行前按规定的时间参加由带班乘务长组织的航前乘务组会，主要内容包括复习航线机型知识、分工、了解业务通知、制订服务方案和客舱安全紧急脱离预案。
5. 机组会：飞行前一天由机长召集，机组成员及带班乘务长参加会议。主要内容有：汇报各工种准备情况，听取机长的有关要求等。
6. 供应：为旅客和机组配备的航班上需要的物品的总称。
7. 回收：将机上剩余的供应品等清点后放入规定餐箱、餐车内，铅封好并填好回收单的工作过程。
8. 操作分离器：将飞机客舱门紧急滑梯的手柄移动到自动（预位）或人工（解除）位置的过程。
9. 机上值班：长航线餐饮服务后，为保持乘务员的精力和体力而采取的轮换工作制度。
10. 安全检查：飞机在起飞、下降、着陆、颠簸或紧急情况下，确认旅客及各种设施符合安全规定而进行的检查。
11. 巡视客舱：乘务员在客舱走动，观察旅客需求、安全状况，处理特殊情况，提供及时、周到的服务行为。
12. 清舱：旅客登机前，安全员或乘务员检查机上所有部位，确保机上无外来人、外来物。
13. 关封：海关官员使用的公文。常用信封封好后在航班起飞前交给乘务长，由乘务长在到达站后转交海关官员。
14. 旅客名单：写有旅客姓名、目的地、座位号等内容的单子，通常由商务部门在飞机起飞前同业务袋一起送上飞机。
15. 核销单：机上免税品出售后填写的表格，用于海关核销进口免税品。
16. 特殊餐：有特殊要求的餐食，如婴儿餐、犹太餐、清真餐、素食等。
17. 预先准备：空中服务的四个过程之一，指执行任务前至登机阶段的各项准备工作。
18. 直接准备：空中服务的四个过程之一，指乘务员登机后至旅客登机前的准备工作。
19. 空中实施：空中服务的四个过程之一，指飞机开始滑行起飞至下机前所有的服务工作。

20. 航后讲评：空中服务的四个过程之一，指完成航班任务后的工作讲评。

21. 航线图：标明飞机飞行航线、距离及地点的图示。

22. 航班：在规定的航线上，使用规定的机型，按规定的日期、时刻进行的运输飞机。

23. 载重平衡表：载重平衡表是航班载运旅客、行李、邮件、货物和集装设备重量的记录，它是运输服务部门和机组之间、航线各站之间交接载量的凭证，也是统计实际发运量的根据，它记载着飞机各种重量数据。

24. 载重平衡图：以空机重心指数作为计算的起点，以确定飞机的起飞重心位置，并根据飞机重心位置的要求，妥善安排旅客在飞机上的座位和各货舱的装载量的填制图。

25. 随机业务文件袋：总申报单、旅客舱单、载重平衡、货运单及邮件路单等业务文件，客、货、油舱等图。

参考文献

[1] 于莉. 空乘实务教程. 北京：中国标准出版社，2014.
[2] 盛美兰，江群. 民航客舱设备操作与管理. 北京：中国民航出版社，2013.
[3] 刘丽新，张黎宁. 客舱服务. 北京：高等教育出版社，2016.
[4] 韩瑛. 民航客舱服务与管理.2 版. 北京：化学工业出版社，2017.
[5] 马丽，吴云. 民航客舱服务与技能. 北京：中国人民大学出版社，2020.
[6] 高宏，魏丽娜. 飞机客舱设备与使用. 北京：清华大学出版社，2019.